CHROMA

CHROMA
DESIGN ARCHITEKTUR & KUNST IN FARBE

Barbara Glasner, Petra Schmidt (Hg.)

Birkhäuser
Basel · Boston · Berlin

INHALT

EINLEITUNG

CHROMA SPECTRUM 11

CHROMA CHOICE 275

ANHANG

Widerstreit der Farben
Einleitung von Petra Schmidt

Mr. Pink: Why am I Mr. Pink?

Joe: Because you're a faggot, alright?

Mr. Pink: Why can't we pick our own colors?

Joe: No way. Tried it once. It doesn't work. You get four guys all
fightin' over who's gonna be Mr. Black. They don't know each other,
so nobody wants to back down. No way. I pick. You're Mr. Pink.
Be thankful you're not Mr. Yellow.

Mr. Brown: But Mr. Brown, that's too close to Mr. Shit.

Mr. Pink: Mr. Pink sounds like Mr. Pussy. How about if I'm Mr. Purple?
That sounds good to me. I'll be Mr. Purple.

Joe: You're not Mr. Purple. Some guy on some other job is Mr. Purple.
You're Mr. Pink!

Mr. White: Who cares what your name is?

Mr. Pink: That's easy for you to say. You're Mr. White. You have a
cool-sounding name. Alright look, if it's no big deal to be Mr. Pink,
you wanna trade?

Aus: *Reservoir Dogs*, Quentin Tarantino, 1992

Warum soll man für Decknamen nicht nutzen, was in der Londoner U-Bahn gang und gäbe
ist? Die Verschlüsselung und Abstraktion von Informationen durch Farben. Sie eignen sich nun
mal sehr gut zur Codierung und Orientierung. Der bis dahin unbekannte U-Bahn-Angestellte
Harry Beck lieferte 1931 mit einer farbigen Infografik zum Londoner U-Bahn-Plan die Vorlage
für alle künftigen Schaubilder dieser Art. Seine abstrakte Darstellung der Fahrtroute, der Sta-
tionen und Umsteigemöglichkeiten ohne Rücksicht auf die physischen Gegebenheiten sowie
die Auflösung der Details in Farbe und Linie sind bis heute beispielhaft.

Doch Mr. Pink möchte sich dem Gebot der Effizienz nicht beugen. Er lehnt sich auf. Es ent-
spinnt sich eine Konversation über die Symbolik der Farben. Und Mr. Pink, der auf sein Image
als Verbrecher achten muss, ist mit der Bezeichnung keineswegs einverstanden. Auch wenn
in Quentin Tarantinos Film *Reservoir Dogs* kaum Farbe zu sehen ist, denn der Film spielt über
weite Teile in einer weißen Lagerhalle und die Hauptfiguren tragen schwarze Anzüge und
Krawatten, spricht er auf kluge Weise ein typisches Dilemma im Umgang mit Farbe an. Es geht
um den Widerstreit zwischen den funktionalen Aspekten von Signalen, Orientierungssystemen

und technischer Umsetzung, die in Design und Architektur Tradition hat, sowie der subjektiven Empfindung von Farbe, für die Künstler wie van Gogh, Kandinsky und Yves Klein stehen. Der zentrale Widerspruch zwischen Emotion und Ratio.

Obwohl Farbe, insbesondere Buntheit, häufig mit Heiterkeit und Harmonie assoziiert wird, kann man über nichts so gut streiten wie über Farbe. Wir haben zwar aus unserer kulturellen Erfahrung über Jahrhunderte den Farben symbolische Bedeutungen zugewiesen, doch diese sind alles andere als einheitlich. Sie überlagern sich stetig und widersprechen sich und sind zudem von persönlichen Erfahrungen durchsetzt. In ihrem Buch *Wie Farben wirken*, das auf den Ergebnissen einer anonymen Befragung basiert, zeigt die Soziologin und Psychologin Eva Heller auf, wie vielschichtig Interpretationen zum Thema Farbe sein können. So wird etwa von vielen Befragten Rot sowohl als Farbe der Liebe als auch des Hasses genannt. Für die Wissenschaftlerin nicht verwunderlich, denn beides bringe das rote Blut in Wallung. Die Farbe Rot kennt laut Heller allerdings noch weitere Bedeutungen: Vom „Privileg des Adels", der seine Roben mit dem teuren, aus Läusen gewonnenen Kermesrot färbte, habe es sich zur Symbolfarbe des Kommunismus gewandelt, denn im Russischen stünde das Wort „krasiwij" auch für „gut". Somit wären „die Roten" im Marxismus-Leninismus gleichbedeutend mit „den Guten", eine vielsagende Symbolik für den weltverbesserischen Anspruch der politischen Gruppierung.

Die Auseinandersetzungen über Farbe sind so alt wie unsere Kultur. Seit Aristoteles, der noch davon ausging, dass die Augen Sehstrahlen aussenden, setzen sich die Wissenschaft und auch die Kunst mit der Lehre der Farben auseinander. In der langen Geschichte der Farblehren sind immer wieder neue Erkenntnisse veröffentlicht worden. Sie thematisierten die Farbe aus Sicht der Naturwissenschaft und in Bezug auf die Lichtbrechung wie Isaac Newtons berühmtes Werk über die Optik (1704), aus künstlerischer Perspektive wie Johannes Itten in *Kunst der Farbe* (1961) und Josef Albers' *Interaction of Color* (1970) oder auch reproduktionstechnisch wie der *Farbenatlas* (2007) des Forschers und Druckfachmanns Harald Küppers. Hinzu kommen noch zahlreiche philosophische Abhandlungen von Schelling und Schopenhauer bis hin zu Rudolf Steiner. „Farben regen zum Philosophieren an", wusste auch Ludwig Wittgenstein, der seinerseits die Sprache auf ihren Umgang mit den Farbbegriffen untersuchte.

Und Philosophieren bedeutet eben auch sich auseinanderzusetzen. So wendet sich Johann Wolfgang Goethe mit seiner *Farbenlehre* (1810) ganz offen gegen Isaac Newtons prismatische Studien. Während sich der Dichter mit seiner auf die beiden Grundfarben Blau und Gelb beschränkten Lehre, die er von „Licht und Finsternis" ableitete, wissenschaftlich nicht durchsetzen konnte, dominierte seine Empfindungstheorie die damalige philosophische Debatte. Goethe formulierte als erster die Auffassung, dass einzelne Farben und Kompositionen spezifische Empfindungen auslösen können. Mit dieser Einsicht lieferte er die entscheidenden Anregungen zu einer Emanzipation der Farbe von anderen Elementen der künstlerischen Ausdrucksform wie Komposition und illusionistischer Darstellung. In der Folge wurde die Farbe zunehmend isoliert betrachtet. So erklärte etwa hundert Jahre später Wassily Kandinsky, der von Goethes Ansichten beeinflusst war: „Die Farbe ist die Taste. Das Auge ist der Hammer. Die Seele ist das Klavier mit vielen Saiten. Der Künstler ist die Hand, die durch diese oder jene Taste zweckmäßig die menschliche Seele in Vibration bringt."

Damit vertrat Goethe schon früh eine Farbauffassung, die die Seele in den Mittelpunkt rückte, und begründete eine ästhetische Debatte, die noch Auswirkungen auf die Malerei der Moderne haben sollte. In der Herstellung monochromer Bilder sah etwa Yves Klein einen Akt der Befreiung, der die „psychologischen Gitter" beseitigen sollte, denn „beim Anblick der farbigen Oberfläche befände man sich direkt vor dem Rohmaterial der Seele". Und der deutsche Maler Rupprecht Geiger erklärte zudem, „Rot macht high". So viel Überzeugung und Inbrunst muss Widerspruch provozieren. Als Gegenpol etablierten sich bald jene Maler, die sich dem Problem der Farbe über den Intellekt näherten. Der amerikanische Minimalist Donald Judd verbannte beispielsweise all das Psychologisieren und Projizieren von Gefühlen über Farbe in den Bereich der obskuren Wissenschaften: „Seit der Entstehung der Wissenschaft im 17. Jahrhundert ist die Auseinandersetzung mit Farbe Teil dieser Wissenschaft, und wie die Astronomie ist sie mit ihrer eigenen Astrologie gestraft." Zwar setzten sich auch Künstler wie Donald Judd oder Gerhard Richter intensiv mit Farbe auseinander, aber sie lehnten den andächtigen Farbauftrag ab und stellten Bilder ohne jeden sentimentalen Impetus her. Insbesondere Gerhard Richter konzentrierte sich bei seinen Farbtafeln auf Zufall, Indifferenz und die Lust am Schauen. Er brach mit seinen von Lackmusterkarten inspirierten Farbfeldern nicht nur mit jeder symbolischen, expressiven Aussage, sondern stellte sich ganz bewusst gegen die vorherrschenden Dogmen der geometrischen Abstraktion. Künstler der jüngeren Generation wie Anselm Reyle, der mit opulenten „Streifenbildern" und glitzernd lackierten Skulpturen internationale Berühmtheit erlangte, oder Liam Gillick, dessen Materialcollagen aus Plexiglas und Metall stark an Donald Judd erinnern, beziehen viele dieser sowie anderer historischer Positionen in ihre Arbeit ein. Gillick unternimmt in seiner Arbeit sogar den Versuch auf intellektueller Ebene zwischen Design, Kunst, Architektur und Wissenschaft zu vermitteln.

Während jedoch in der Kunst die Farbe stets essenzieller Bestandteil und Ausgangsmaterial für die zu vermittelnden Illusionen wie Landschaften, Räume und Stillleben war, wurde sie im Design vielmehr als Eigenschaft oder Zutat empfunden, oder besser gesagt als „Haut". So bezeichnen sie die Brüder Bouroullec noch heute. Denn sie trachten danach, ihren aus der Natur entlehnten Strukturen und Formen wie etwa Algen oder Wolken auch auf der Ebene der Farben einen entsprechend „natürlichen" Ausdruck zu verleihen. Damit stehen sie im krassen Widerspruch zu Gestaltern wie etwa dem Schweizer Mattia Bonetti oder dem Spanier Jaime Hayón, die ihren Kreationen mit glitzernden Oberflächen und satten Farben zu einem artifiziellen Charakter verhelfen. Sie gestalten aufwendige Objekte in Form von Einzelstücken oder Kleinserien, die eine wachsende Schar von Sammlern genauso schätzt wie etwa den Kauf von moderner Kunst. Dabei verwenden die Gestalter jene glänzenden und glitzernden Oberflächen, die schon erfolgreiche Konsumgüter wie etwa Autos und Kosmetika zu begehrenswerten Fetischen gemacht haben. Auch zeitgenössische Künstler haben das Design und seine Möglichkeiten der Verführung für sich entdeckt. So verwenden beispielsweise Sylvie Fleury und Anselm Reyle irisierenden Metalliclack für ihre Skulpturen und nutzen so die Effekte der glitzernden Alltagswelt.

Selbst in der Architektur vollzieht sich ein ähnlicher Wandel zum begehrenswerten Objekt. Noch dient Farbe wie schon zu Zeiten der sogenannten Berliner Tuschkastensiedlung von Bruno Taut für die Mehrzahl der Architekten dazu, Fassaden und konstruktive Elemente wie Treppen, Fenster und Balkons hervorzuheben, um sie in Szene zu setzen und visuell vom eigentlichen Baukörper zu lösen. Und nach wie vor steht die Effizienz im Vordergrund: Jene „Maschinenästhetik", von der der deutsche Designer Konstantin Grcic in seinem Interview schwärmt und die entweder nur glatte monochrome Gegenstände und Gebäude kennt oder Farben, die aus dem Material selbst hervorgehen. Aber gerade in den letzten Jahren rückt der farbige Anstrich stärker ins Zentrum der Überlegungen. Genau wie Grcic, der es liebt, seine Objekte monochrom einzufärben, „so als hätte man sie in einen Farbeimer getunkt", behandelte das niederländische Architekturteam MVRDV seinen Erweiterungsbau „Didden Village" auf dem Dach einer ehemaligen Näherei in Rotterdam. Die Architekten übergossen die einfachen Giebelhäuser und den Lichthof ohne Rücksicht auf Details und Struktur des Gebäudes kurzerhand mit einem leuchtend blauen Polyurethanüberzug und erzeugten so eine Oberfläche, die an quietschbunte Kunststoffprodukte erinnert. Und die Architektin Louisa Hutton, die mit ihrem Mann Matthias Sauerbruch das Berliner Büro Sauerbruch Hutton führt, zeigt auf, wie bedeutend die farbliche Gestaltung für das Architekturverständnis der beiden ist. Sie haben Farbe zum Werkzeug erklärt und entwerfen ebenso fein nuancierte wie

sehr bunte Fassaden und Räume. Dabei wenden sie sich nicht gegen „form follows function",
das ewig vorherrschende Dogma der Moderne, sondern möchten die Position der alten Lehr-
meister mit der eigenen verbinden und Farbe als zusätzliche „Ressource zur Schaffung von
Raum nutzen". „Wir glauben, dass sich das Credo der Modernisten von der ‚Wahrheit des Materials' mit dem erweiterten Blickwinkel auf das Potenzial von Farbe verbinden lässt." Noch
sehr viel weiter als die beiden Zentralfiguren der aktuellen farbigen Architektur gehen jene neu-
en Baumeister, die sich der modernen Computertechnologie bedienen, um damit neue flie-
ßende oder auch kristalline Baukörper zu entwerfen, wie etwa Massimiliano & Doriana Fuksas
oder UNStudio. Sie brechen gänzlich mit den Meistern der Moderne. Zur Produktion ihrer
persönlichen „Maschinenästhetik" verwenden sie nicht nur die Programme der Ingenieure, um
aus ihnen Baukörper zu generieren, die an Kotflügel oder den Stealthbomber erinnern. Sie
übertragen auch die Farbigkeit der Objekte und Maschinen auf diese Objekte. Per Mausklick
färben sie ihre Gebäude ein und wenden sich dabei so lauten Farben zu, wie man sie sonst
nur von Autos und Kunststoffprodukten kennt. So tauchen etwa UNStudio den Innenraum des
Theaters Agora im niederländischen Lelystad in ein kräftiges Blutrot, und Massimiliano &
Doriana Fuksas lassen die selbstreinigende Textilbespannung der Zenith-Veranstaltungshalle
in Straßburg in einem satten Orangerot erstrahlen. So viel Maschine war nie. Auch das digitale
Leuchten des Bildschirms lässt sich mittlerweile per LED-Technologie auf die Fassade übertragen. Nun erstrahlen die kompliziert aufgefächerten Fassaden von UNStudio auch in zartem
farbigem Licht, wie wir es sonst nur von den immateriellen Arbeiten eines James Turrell kennen. Sie flimmern und verändern sich wie auf einem Bildschirm. Das Licht als Quelle aller
Farben, insbesondere das künstliche und farbige Licht, ist zum zentralen Gestaltungselement
einer Architektur geworden, die nicht mehr Gebäude, sondern begehrenswertes Objekt oder
nutzbare Skulptur sein möchte.

Trotz aller Versuche, Farbe übergreifend in Design, Kunst und Architektur zu betrachten –
CHROMA ist kein wissenschaftliches Buch, keine Enzyklopädie der Farbe. Ganz im Gegenteil.
Es ist höchst subjektiv und aus der Erkenntnis entstanden, dass zwar ausreichend Literatur zur
Farbe existiert, aber wenige Bücher ein echtes Farberlebnis vermitteln. Als Herausgeberinnen
dieser Publikation geht es uns aber genau darum, und nicht um Erklärungsversuche, nicht um
Farbe als philosophisches oder naturwissenschaftliches Phänomen, nicht um Psychologie und
Kunsthistorie. Auch steht nicht das konkrete Material in seiner Stofflichkeit im Mittelpunkt, wie
es etwa Mark Rothko und Yves Klein in ihren Werken thematisierten, denn diesbezüglich wäre
eine Ausstellung weitaus passender, sondern Farbe als Spiel mit der Wahrnehmung und als
Quelle der Inspiration. CHROMA soll anregen, als tauchte man selbst in Farbe ein oder stiege
in einen von Olafur Eliasson eingefärbten Fluss. Emotion statt Ratio.

CHROMA SPECTRUM

Ausgewählt von Barbara Glasner

Vielfarbig, bunt ist unser Alltag. Trotzdem bleiben die Farben häufig „unsichtbar". Erst Experiment, Komposition oder Inszenierung rücken sie ins rechte Licht. Etwa, wenn der Fotograf Wolfgang Tillmans diese Alltagswelt scheinbar beiläufig im Bild festhält, den Himmel und Häuserwände beziehungsweise ein Blatt Fotopapier wie eine abstrakte Fläche inszeniert, werden Töne wieder „sichtbar". Man muss Farbe nicht als „metaphysische Kraft" oder „Energie" betrachten, wie es noch Johannes Itten tat, um zu erleben, wie sie uns in den Bann zieht und inspiriert. Wer sich mit dem nun folgenden Kapitel SPECTRUM beschäftigt, wird sich auch ohne Metaphysik ihres Reichtums bewusst.

Herausgeberin Barbara Glasner hat für SPECTRUM Designer, Künstler und Architekten ausgewählt, die sich in besonderer Weise der Farbe widmen, und ihre Werke – je nach Farbe – den Themen Monochromatic, Multichromatic und Achromatic zugeordnet. So entstand eine sehr persönliche Auswahl an Arbeiten, von großer farblicher Intensität, die nicht nur ein- und mehrfarbige Werke zeigt, sondern auch die unbunten Farben Schwarz, Weiß und Grau berücksichtigt. SPECTRUM präsentiert neben den großen Meistern der Farbfeldmalerei – wie Ellsworth Kelly und Imi Knoebel – auch berühmte zeitgenössische Architekten wie MVRDV oder Zaha Hadid und so junge Gestalter wie Shay Alkalay oder Maarten Baas. Nicht das Alter, das Renommee oder die Dauer der Auseinandersetzung mit dem Thema waren für ihre Auswahl entscheidend, sondern die Qualität und Wirkung der Farbe in ihren Arbeiten.

MONOCHROMATIC

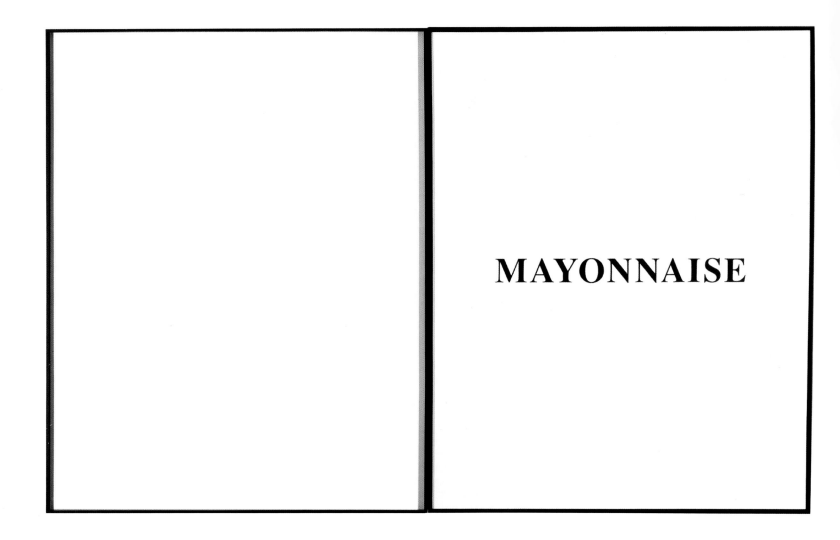

John Baldessari
Prima Facie (Fifth State): <u>Mayonnaise</u>, 2006
Pigmentierter Druck auf mattem Papier, Acryl auf Leinen
134,94 x 216,53 x 5,71 cm
Courtesy John Baldessari, Marian Goodman Gallery,
New York und Paris, und Sprüth Magers Berlin London

JÜRGEN MAYER H. Architekten
Mensa Moltke, Karlsruhe, 2007
Neubau für Fachhochschule, Pädagogische Hochschule
und Kunstakademie Karlsruhe
Holzkonstruktion, Polyurethanbeschichtung

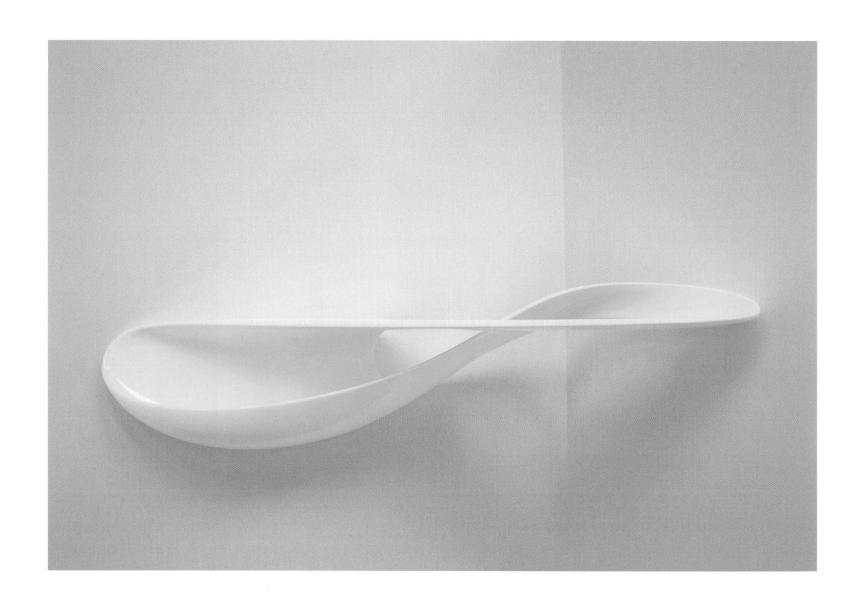

Amanda Levete, Future Systems
North, 2008
Wandkonsole
Fiberglas-Verbundstoff, fluoreszierende Farbe
L 185 x T 70 x H 50 cm
Limitierte Edition von 12
Hersteller: Established & Sons

William Eggleston
Untitled, 1974
© Eggleston Artistic Trust
Courtesy Cheim & Read, New York

Maarten Baas
Treasure Furniture, 2005
MDF-Abfälle aus einer Möbelfabrik
H 90 x B 62 x T 55 cm

Committee, Clare Page & Harry Richardson
The Lost Twin Ornaments, 2009
Entworfen für die Ausstellung
„Digital Explorers: Discovery"
Courtesy Metropolitan Works
Creative Industries Centre, London

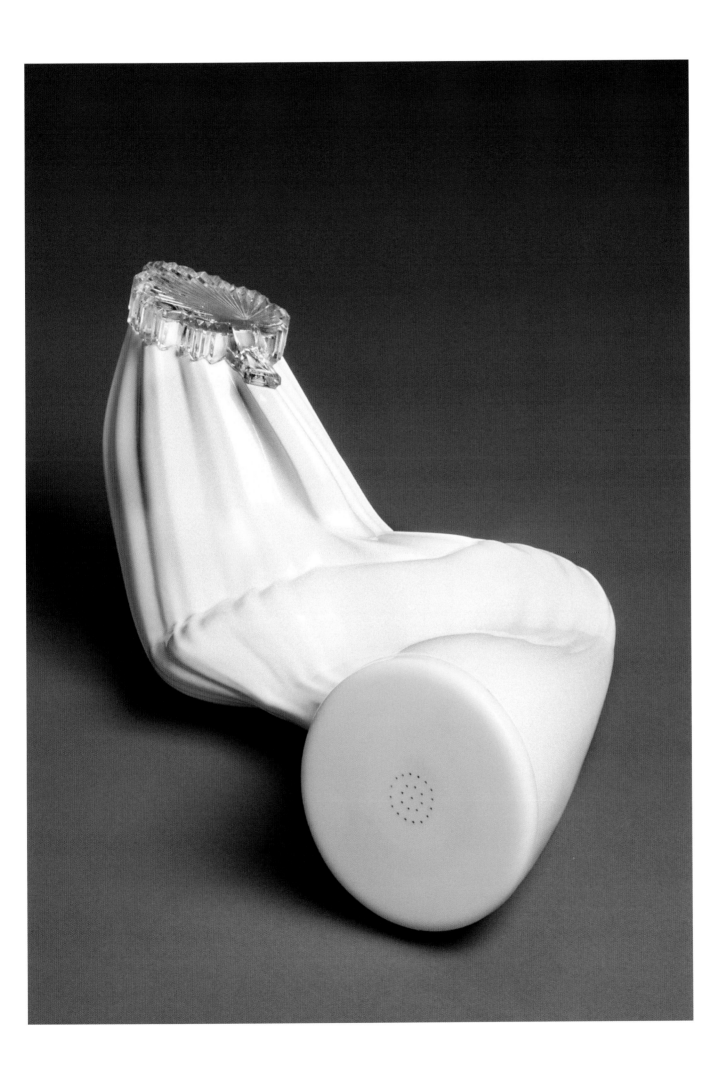

Allford Hall Monaghan Morris Architects
Barking Central I, 2007
London Borough of Barking and Dagenham, Essex
Wohnkomplex, Aluminiumfassade mit Balkonen
aus farbigem Glasmosaik

Berta Fischer
Phoebe, 2005
Acrylglas
60 x 75 x 68 cm
Courtesy Martin Asbæk Gallery, Kopenhagen

Wohnstück Übelbach, Übelbach, Österreich, 1994
Fassade aus gelben Schichtholzplatten

LCP (Low Chair Plastic), 2000
Acrylglas
B 48,5 x H 70 x T 80 cm, Sitzhöhe 31 cm
Hersteller: Kartell

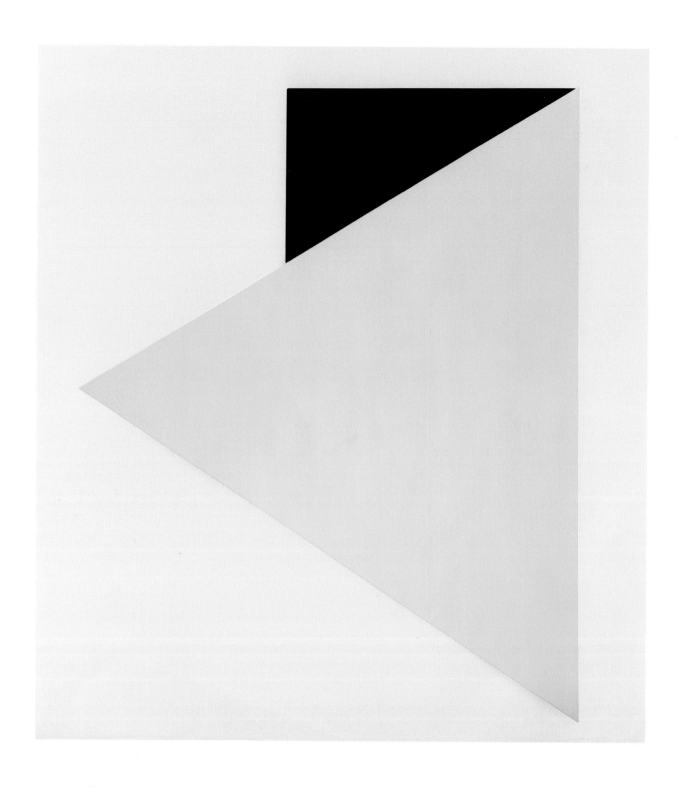

Ellsworth Kelly

Yellow Relief with Black, 1993
Öl auf Leinwand, zwei miteinander verbundene Tafeln
304,8 x 248,9 cm
San Francisco Museum of Modern Art,
Schenkung Doris und Donald G. Fisher
© Ellsworth Kelly

Thomas Demand

Klause V, 2006
C-Print/Diasec
197 x 137 cm
© Thomas Demand/2009, ProLitteris, Zürich
Courtesy Sprüth Magers Berlin London

Stablampe, 2007
Stahlrohr, Lampenfassung
L 80, 115 oder 185 cm
Courtesy Schellmann Furniture, München – New York

Rhinoceros, 2005
Hellgelber Zweikomponenten-Kunststoff, blaue Glasaugen, Horn
Ca. 120 x 80 x 50 cm
© 2009, ProLitteris, Zürich
Courtesy Esther Schipper, Berlin und Air de Paris, Paris

Rupprecht Geiger
Gelbes Rund, 1970
Acryl, Holz
150 x 100 x 28 cm
(WV 565)
Courtesy Archiv Geiger
© 2009, ProLitteris, Zürich

Katharina Fritsch
Warengestell mit Madonnen, 1987/89
Aluminium, Gips, Farbe
H 270, ø 82 cm
© Katharina Fritsch/2009, ProLitteris, Zürich
Courtesy Matthew Marks Gallery, New York

yes architecture
Post-Verteilerzentrale in Trofaiach, Österreich, 2003
Metall-Fassadenverkleidung in der Farbe
der österreichischen Post AG

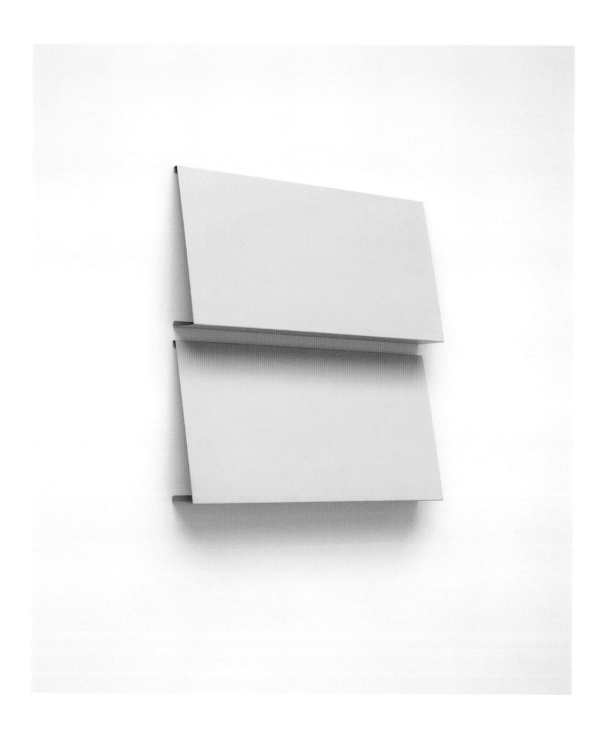

Charlotte Posenenske
Gelbe Reliefs Serie B, 1967
Alublech, konvex gekantet, Lackfarbe matt RAL Gelb
100 x 50 x 14 cm
MMK Museum für Moderne Kunst Frankfurt am Main

Anish Kapoor
Yellow, 1999
Fiberglas, Pigment
600 x 600 x 300 cm
Installation im Haus der Kunst, München, 2007
Courtesy Lisson Gallery

Outspan, 2007
Bronze
95 x 100 x 62 cm

B9, 2007
Lack, Acryl, Öl, Grundierung
auf kunststoffbeschichteter Spanplatte
65 x 50 cm
Courtesy VOUS ETES ICI, Amsterdam

Rojkind Arquitectos
Nestlé Application Group, Querétaro, Mexiko, 2009
Labor- und Bürogebäude

Olafur Eliasson
The yellow colour circle, 2008
Aus: *The colour circle series*, part 2
Farb-Gravüre
171 x 175 cm
Courtesy Olafur Eliasson; neugerriemschneider, Berlin;
Niels Borch Jensen Galerie und Verlag, Berlin;
Tanya Bonakdar Gallery, New York
© Olafur Eliasson

Rojkind Arquitectos
Nestlé Application Group, Querétaro, Mexiko, 2009
Labor- und Bürogebäude

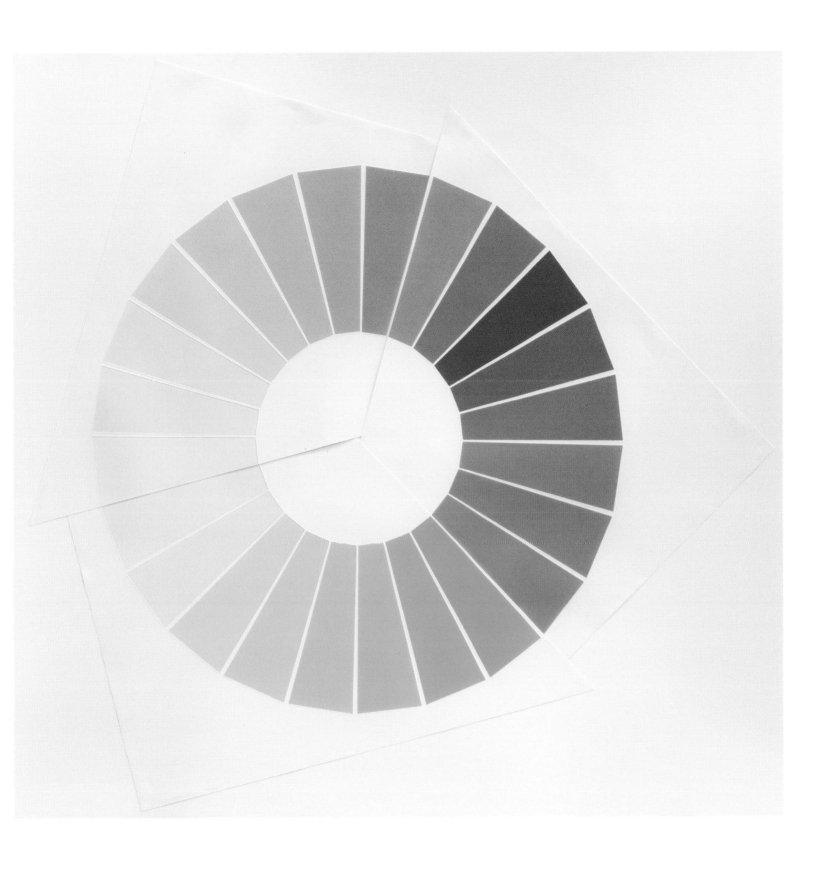

Saskia Diez
Gold Sapphire Bracelet aus der Serie „Diamonds"
Massiv vergoldete Bronze in Saphirform, Elastikfaden
1,8 x 1,8 cm (je Stein)

BLESS
Golden Pearls (Kollektion BLESS N°26 Cable Jewellery)
Stromkabel, Kunststoffperlen
Courtesy BLESS

ff-Architekten & Martina Wronna
Bibliothek im Bahnhof Luckenwalde, Deutschland, 2008
Um- und Anbau eines alten Bahnhofs

Studio Job
Bottle Rack, Farm, 2008
Polierte Bronze, Glas
Edition von 6 + 2 A.P.
30 x 15 x 35 cm
Kollektion eg. Zuiderzee Museum

Mattia Bonetti
Toast, 2007
Beistelltisch aus Fiberglas, Metallfarbe
H 60 x B 67 x T 57 cm
Editions David Gill, limitiert auf 8 + 2 P. + 2 A.P.
© 2009, ProLitteris, Zürich
Courtesy David Gill Galleries

William Eggleston
Untitled aus „Graceland", 1983
© Eggleston Artistic Trust
Courtesy Cheim & Read, New York

Tham & Videgård Hansson Arkitekter
Wohnungsumbau in Humlegården, Stockholm, 2008
Farbiges Boden- und Wandparkett

Sylvie Fleury
Mushroom (BC 08 Gemini 0006), 2007
Glasfaser, Metallic-Autolack
H 110, ø 80 cm
Courtesy Galerie Thaddaeus Ropac Salzburg – Paris

Joachim Grommek
B2, 2007
Lack, Acryl, Öl, Grundierung
auf kunststoffbeschichteter Spanplatte
65 x 50 cm
Sammlung Werner Driller, Bochum
Courtesy VOUS ETES ICI, Amsterdam

MVRDV
Studio Thonik, Amsterdam, 2001
Ursprünglich orangefarben, nach Streit
mit den Anwohnern nun grün überstrichen
Abbildung: Ursprungsfarbe

Katharina Grosse
Untitled, 2008
Acryl auf verschiedenen Materialien
750 x 1200 x 500 cm
Installationsansicht: New Orleans Biennial
© Katharina Grosse/2009, ProLitteris, Zürich

Richard Woods
Wrongwoods, 2007
Muster in Holzmaserung
Design der Kommode: Sebastian Wrong
L 109,2 x B 50,8 x H 73,6 cm
Hersteller: Established & Sons

Raw-Edges, Shay Alkalay
Stack, 2008
H 180 cm
Kommode mit flexiblen Schubladenelementen
Hersteller: Established & Sons

Shaan Syed
Shoegazer Number Four, 2008
Öl und Spachtelmasse auf Leinwand
183 x 153 cm
Courtesy Galerie Michael Janssen, Berlin
© Shaan Syed

Anish Kapoor
7 Ways In, 2000
Rostfreier Stahl, Lack
152,6 x 104 x 97,2 cm
Courtesy Regen Projects

dRMM (de Rijke Marsh Morgan Architects)
Wohnkomplex Wansey Street, Elephant & Castle, London, 2006
Holzstrukturierte Fassadenpaneele aus Faserzement

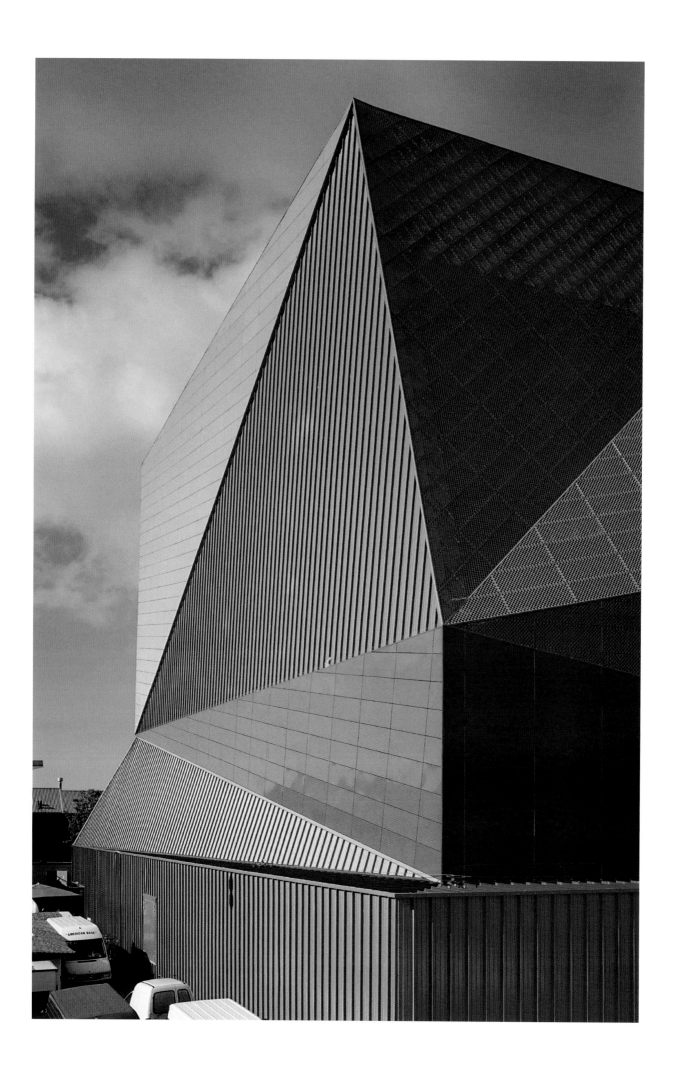

UNStudio
Agora Theater, Lelystad, Niederlande, 2007
Facettierte, perforierte Fassade
mit kaleidoskopischem Effekt

Imi Knoebel
Mennigebild 3/20, 1976/2007
Acryl, Holz
214 x 360 x 8,7 cm
2008 Sammlung Valticos, Genf
© Imi Knoebel/2009, ProLitteris, Zürich

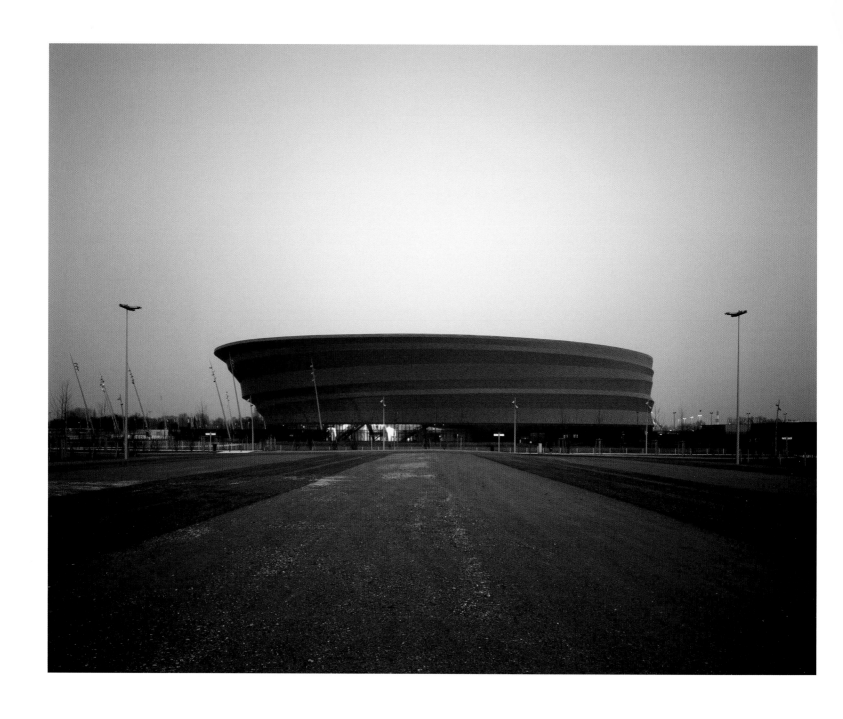

Massimiliano & Doriana Fuksas
Zenith Konzerthalle, Straßburg, 2007
Metallfassadenstruktur,
orangefarbene transluzente Textilmembran

Carsten Höller
Upside-Down Mushroom Room, 2000
480 x 1230 x 730 cm
© 2009, ProLitteris, Zürich
Courtesy Fondazione Prada, Mailand

Ellsworth Kelly
Red-Orange Panel with Curve, 1993
New York, Museum of Modern Art (MoMA)
Öl auf Leinwand
269,4 x 222,5 cm
Schenkung des Committee on Painting and Sculpture
zu Ehren von Richard E. Oldenburg
© 2009. Digital image, The Museum of Modern Art,
New York/Scala, Florenz

Stefan Diez
CH04 Houdini, 2009
Eiche-furniertes Schichtholz, Lack
L 50 x B 57,5 x H 80 cm
Hersteller: e15

Richard Woods
RENOVATION, 48 Merton Hall Road, 2005
Wimbledon, London
Courtesy Artworks in Wimbledon

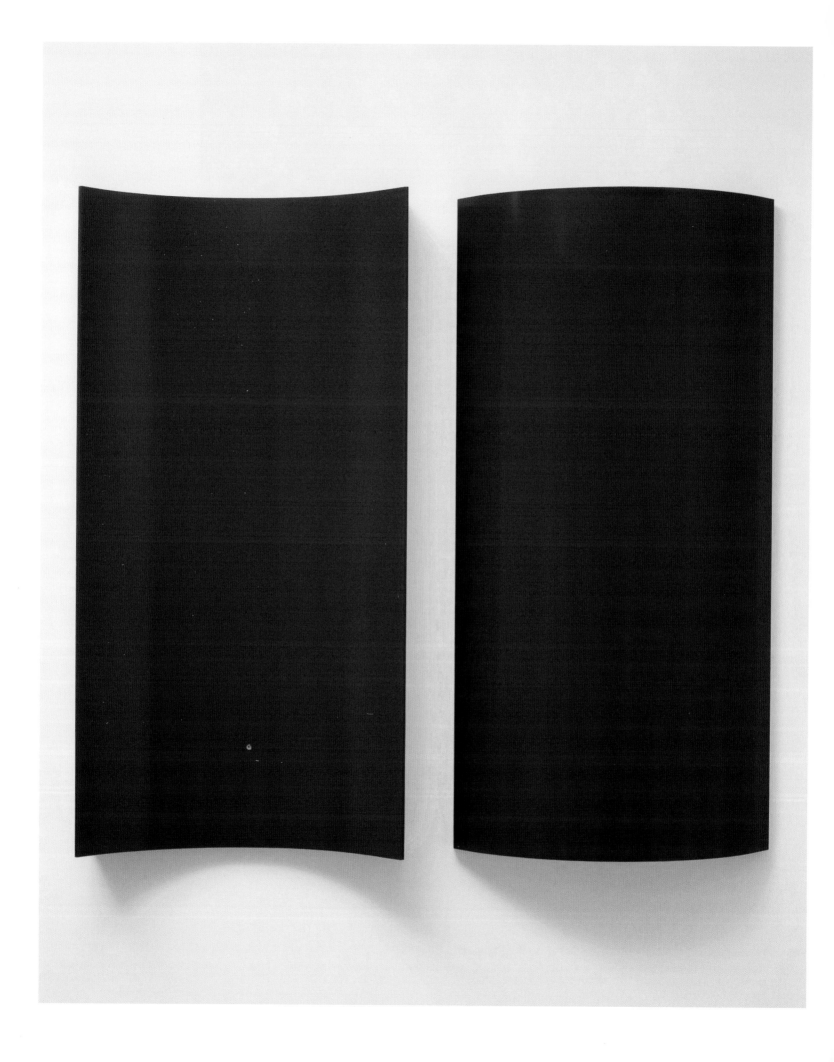

Charlotte Posenenske
Rote Reliefs Serie B, 1967
Alublech, konvex und konkav gewölbt,
Lackfarbe matt RAL Rot
100 x 50 x 14 cm
Nachlass

Pierre Charpin
large r, 2005
Beistelltisch aus „The Platform Collection"
Gebürstetes und lackiertes Aluminium
Max. L 160 x max. B 87 x H 35 cm
Limitierte Edition von 8 + 2 A.P. + 2 Prototypen
Hersteller: Galerie Kreo

John Baldessari
Person with Guitar (Red), 2005
Fünffarbiger Siebdruck, montiert auf Forex
76,2 x 92,08 cm
Courtesy John Baldessari, Marian Goodman Gallery,
New York und Paris, und Sprüth Magers Berlin London

James Turrell
A Frontal Passage, 1994
New York, Museum of Modern Art (MoMA)
Fluoreszierende Lichtinstallation, variable Maße
Museumsinstallation: 391,2 x 685,8 x 1036,3 cm
Douglas S. Cramer, David Geffen, Robert und Meryl Meltzer,
Michael und Judy Ovitz
© 2009. Digital image, The Museum of Modern Art,
New York/Scala, Florenz

Maison Martin Margiela
Kleidungsstück aus der MMM 20th anniversary show
Frühjahr/Sommer 2009
Laufstegfoto

Ronan & Erwan Bouroullec
Galerie Kreo-Ausstellung, 2008
Paravent
Metallgerüst, Schaumstoff und Textilien
200 x 260 x 44 cm

Rojkind Arquitectos
Casa pR34, Tecamachalco, Mexiko, 2003
Stahlplatten, Autolack

Zaha Hadid
Red Aqua Table, 2005
Polyurethan, glanzlackiert
L 305 x B 132 x H 76 cm
Limitierte Auflage von 39
Hersteller: Established & Sons

UNStudio
Agora Theater, Lelystad, Niederlande, 2007
Innenraumansicht

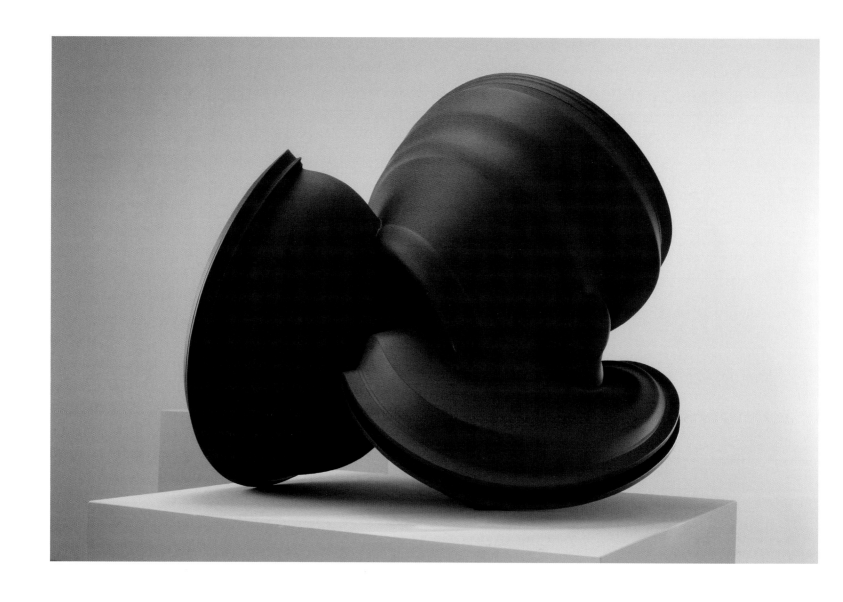

Tony Cragg
Red Square, 2007
Bronze
116 x 73 x 70 cm
Courtesy Marian Goodman Gallery, New York

Rojkind Arquitectos
Nestlé Schokoladenmuseum, Mexico City, 2007
Eingangshalle mit Empfang,
Auditorium und Museumsshop

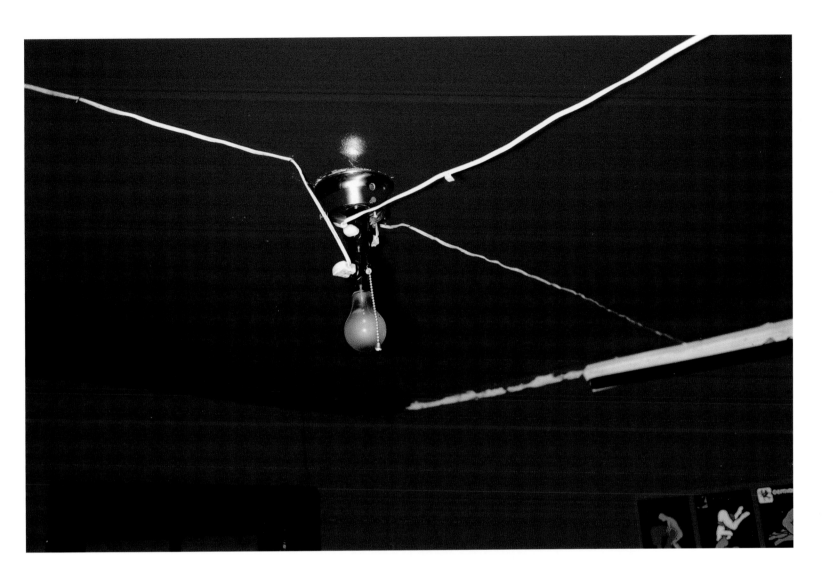

Katharina Fritsch
Händler, 2001
Polyester, Farbe
192 x 59 x 41 cm
© Katharina Fritsch/2009, ProLitteris, Zürich
Courtesy Matthew Marks Gallery, New York

William Eggleston
Greenwood, Mississippi, 1973
© Eggleston Artistic Trust
Courtesy Cheim & Read, New York

Maison Martin Margiela
Pearly Dress (Women)
Artisanal Kollektion Frühjahr/Sommer 2008
Seidenchiffon mit aufgestickten Vintage-Knöpfen

Anish Kapoor
Svayambh, 2007
Wachs, Ölfarbe
Variable Maße
Installationsansicht: Musée des Beaux-Arts de Nantes

Liam Gillick
LAPSED REDUCTION, 2008
Pulverbeschichtetes Aluminium, transparentes rotes Acrylglas
B 300 x T 30 x H 200 cm
Unikat
Courtesy Liam Gillick und Casey Kaplan, New York

Wolfgang Tillmans
paper drop (red), 2006
C-Print, verschiedene Größen
Courtesy Galerie Daniel Buchholz, Köln

Eva Marguerre
Nido, 2008
Hockerserie, Fiberglas, 4 Varianten
Je ca. L 30 x B 30 x H 45 cm, je ca. 900 Gramm
Hersteller: Masson

BarberOsgerby
Iris 600, 2008
Eloxiertes Aluminium, Glas
H 63, ø 50 cm
Limitierte Edition von 12
Hersteller: Established & Sons

Wolfgang Tillmans
Lighter 69, 2006
C-Print in Acrylglasrahmen
65 x 54 x 12,5cm
Courtesy Galerie Daniel Buchholz, Köln

Andreas Exner
Rote Hose, 1993
Stoff, genäht
Ca. 103 x 41 cm
© 2009, ProLitteris, Zürich
Courtesy Galerie Horst Schuler, Düsseldorf

Ronan & Erwan Bouroullec
Clouds, 2008
Textilmodule, thermokomprimierter Schaumstoff
und Stoff, Gummibänder
Hersteller: Kvadrat

Jaime Hayón
Blackberry Freeze aus „The Crystal Candy Set", 2009
Kristallglas
L 22 x H 38,3 cm
Nummerierte und limitierte Edition von 25
Hersteller: Baccarat

Rupprecht Geiger
Rollenbild (Pinc vital), 1991
Acryl, Leinwand
203 x 137,5 x 8,5 cm
(WV 813)
Privatbesitz, Deutschland
© 2009, ProLitteris, Zürich
Courtesy Archiv Geiger

Verner Panton
Multifunktionale Wohneinheit, 1966
Gestell aus verchromtem Stahl, Polsterung aus Holz
und Schaumstoff, roter Nylon-Velours
250 x 198 x 198 cm
Prototyp
Hersteller: Behr Möbel zusammen mit DUX-Möbel

Anselm Reyle
Wagenrad, 2007
Fundstück, Neonröhre
ø 110 cm
Privatsammlung
© 2009, ProLitteris, Zürich
Courtesy Gagosian Gallery, New York

Maison Martin Margiela
Lederstiefel
MMM Collection, Herbst/Winter 2007/2008

Tham & Videgård Hansson Arkitekter
Wohnungsumbau in Humlegården, Stockholm, 2008
Farbiges Boden- und Wandparkett

Saskia Diez
Pink Red Wood Necklace aus der Serie „Wood"
Buchenholz, poliert, lasiert, klar lackiert
L 100 cm, ø Holzperle 0,1 cm

Nitzan Cohen
nan15, Bücherregal, 2008
Stahlblech 0,2 cm, pulverbeschichtet
Je B 46,8 x T 31,4 x H 19,2 cm
Hersteller: nanoo by Faserplast

Yves Klein
Monochrome rose sans titre (MP 30), 1955
100,3 x 64,4 cm
© 2009, ProLitteris, Zürich
Courtesy Yves Klein Archives, Paris

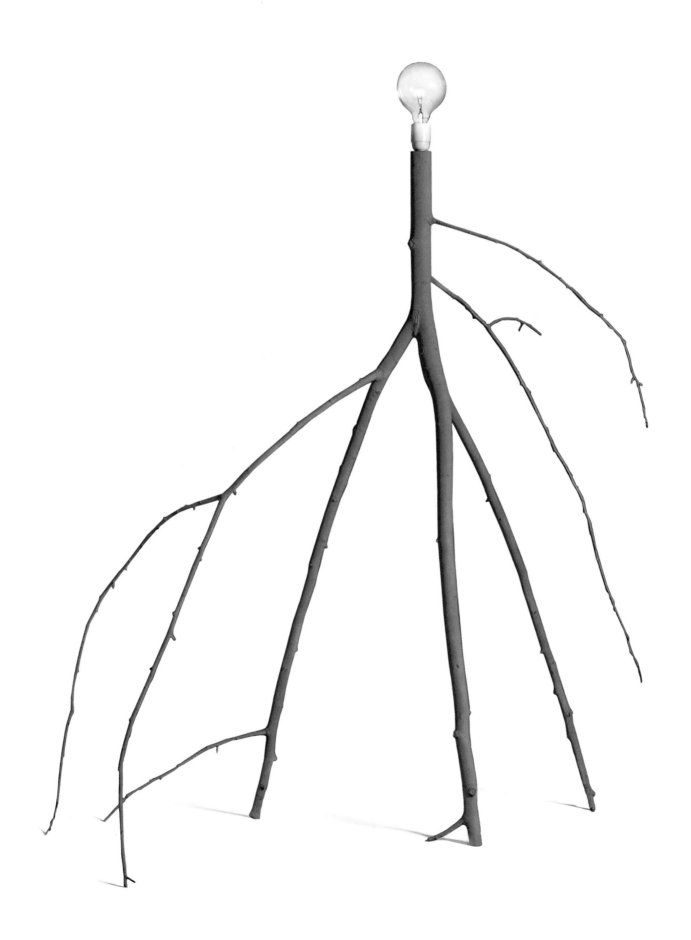

Front
Treelamp, 2006
Teil des Projekts „Bar by Front", Stockholm
Äste, variable Maße

Carsten Höller
Hippopotamus, 2007
Pinker Zweikomponenten-Kunststoff, blaue Glasaugen, Horn
Ca. 90 x 55 x 30 cm
Privatsammlung Monaco
© 2009, ProLitteris, Zürich
Courtesy Air de Paris, Paris

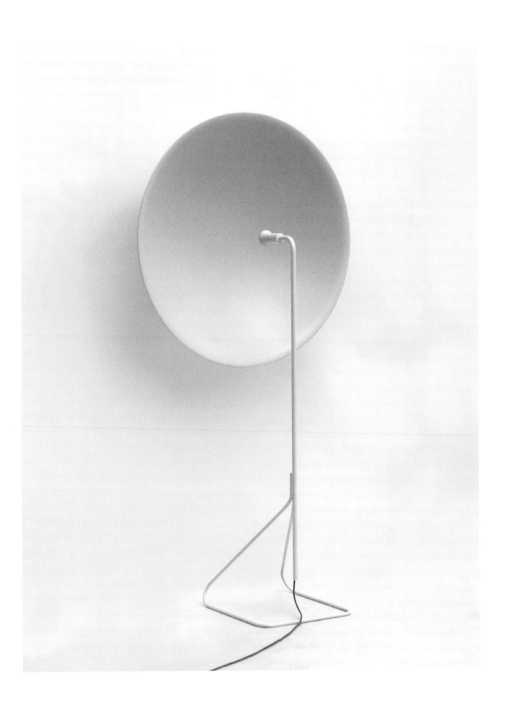

Joachim Grommek
B12, 2007
Lack, Acryl, Öl, Grundierung
auf kunststoffbeschichteter Spanplatte
65 x 50 cm
Courtesy VOUS ETES ICI, Amsterdam

Pierre Charpin
Parabole, 2008
Frei stehende Leuchte, wandbefestigter Leuchtenschirm
Leuchte: 185 cm, Leuchtenschirm: T 37,8, ø 130 cm
Limitierte Edition von 8 + 2 A.P. + 2 Prototypen
Hersteller: Galerie Kreo
Courtesy Galerie Kreo, Paris

Hella Jongerius
Artificial vase Rose „#2", Kollektion „Natura Design Magistra", 2009
Vase: Rosafarbenes Glas, Terracotta, Klebestreifen
Blume: Geblasenes Glas
H 117 cm (Gesamthöhe)
Nummeriertes Unikat
Courtesy Galerie Kreo, Paris

ahrens grabenhorst architekten
Kunstmuseum Celle mit Sammlung Robert Simon, Celle, Deutschland, 2006
Umbau und Erweiterung

Tom Dixon
Pipe, 2006
Extrudiertes Aluminium, pulverbeschichtet und eloxiert
H 65, ø 15 cm
Hersteller: Tom Dixon

Mattia Bonetti
Pearl, 2007
Tisch aus Fiberglas, Metallfarbe
H 45 x B 150 x T 100 cm
Editions David Gill, limitiert auf 8 + 2 P. + 2 A.P.
© 2009, ProLitteris, Zürich
Courtesy David Gill Galleries

Andreas Exner
Lila Hose, 2003
Stoff, genäht
Ca. 110 x 63 cm
Sammlung Mondstudio
© 2009, ProLitteris, Zürich
Courtesy Galerie Horst Schuler, Düsseldorf

Herzog & de Meuron
Forum, Barcelona, 2004
Fassade aus gefärbtem Spritzbeton

John Baldessari
Prima Facie (Fifth State): <u>Creative Thinker</u>, 2007
Pigmentierter Druck, montiert auf Aluminium, Acryl auf Leinen
135,89 x 218,44 x 5,71 cm
Courtesy John Baldessari, Marian Goodman Gallery,
New York und Paris, und Sprüth Magers Berlin London

Sylvie Fleury
Mushroom (KK 700 True Blasberry), 2005
Glasfaser, Metallic-Autolack
H 110, ø 80 cm
Courtesy Galerie Thaddaeus Ropac Salzburg – Paris

Ron Arad
Misfits, 2007
Stahlgestell, Schaumstoff
Hersteller: Moroso

Shaan Syed
Shoegazer Number Ten, 2009
Öl und Spachtelmasse auf Leinwand
183 x 153 cm
Courtesy Galerie Michael Janssen, Berlin
© Shaan Syed

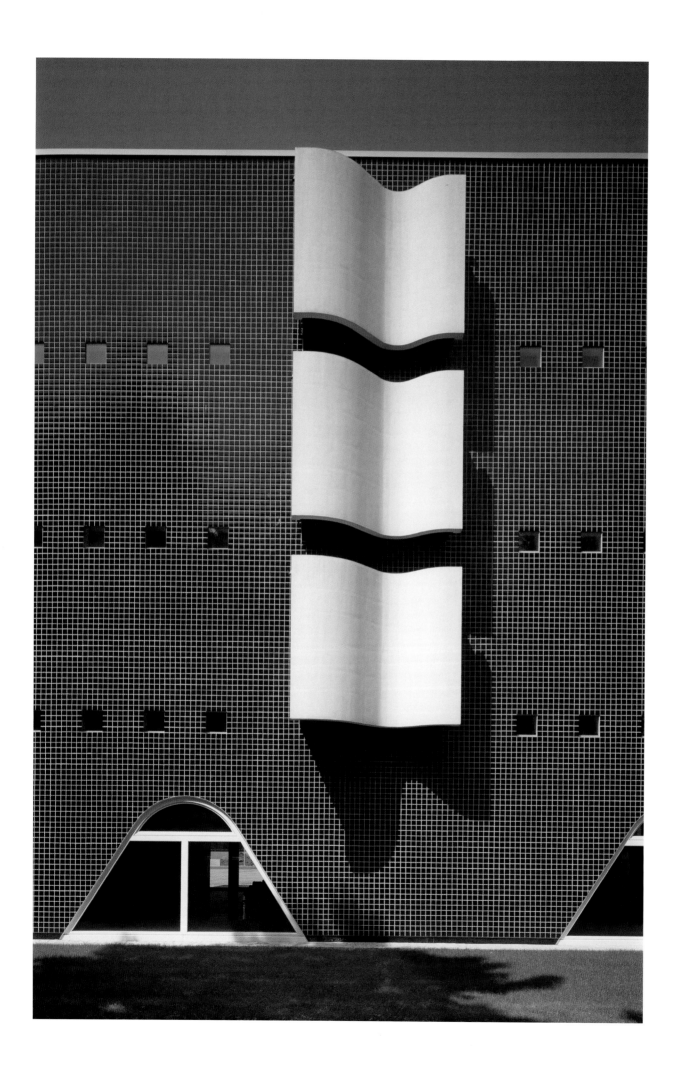

Lederer + Ragnarsdóttir + Oei
Gustav-von-Schmoller-Schule, Heilbronn, 2003
Erweiterungsbau

Scholten & Baijings
Colour Plaid 01, 2005
Merinowolle und Baumwolle
140 x 180 cm und 280 x 260 cm
Hersteller: Scholten & Baijings und De Ploeg

Tony Cragg
McCormack, 2007
Bronze
117 x 130 x 75 cm
Courtesy Thaddaeus Ropac Gallery, Salzburg – Paris

Peter Zimmermann
Ohne Titel, 2008
60 x 45 cm
Epoxidharz auf Leinwand
© 2009, ProLitteris, Zürich
Courtesy Galerie Michael Janssen, Berlin

Jaime Hayón
Funghi, 2006
Porzellanleuchten
ø 16 bis 38 cm, H 36 bis 50 cm
Hersteller: Metalarte

von Gerkan, Marg und Partner (gmp)
High Tech Park, Heavy Industry Zone, Lingang New City, China, 2007
Fassade

Jean Nouvel
Konzerthaus, Kopenhagen, 2009
Blaue Fiberglasfassade

Yves Klein
Sculpture éponge sans titre (SE 33), 1961
Reines Pigment und Gießharz, Naturschwamm
42 x 37 x 20 cm
© 2009, ProLitteris, Zürich
Courtesy Yves Klein Archives, Paris

Maarten Baas
Clay Furniture, Ventilator, 2006
Metallgestell, handgeformtes
Industrieplastilin, Lack
H 152,4 x B 48,3 x T 48,3 cm
Hersteller: Maarten Baas

Baumschlager Eberle
Nordwesthaus, Fußach, Österreich, 2008
Betonstruktur mit Glasfassade

Arik Levy
Rock Fusion Soft, 2008
Polyethylenstruktur mit Stoffpolsterung
Limitierte Edition
Hersteller: Ldesign

Charlotte Posenenske
Faltung, 1965
Alublech, Lackfarbe RAL Blau
86 x 100,5 x 14,5 cm
Sign. u. dat. CP 65, Sammlung Sandra Kranich
und Jochem Hendricks, Frankfurt am Main

Rupprecht Geiger
Farbgestaltung Joseph-von-Fraunhofer-Schule, München, 1973
III. Halbkreis, Schwimmbad
Acryl, Faserzementplatten
388 x 1035 cm
© 2009, ProLitteris, Zürich
Courtesy Archiv Geiger

Wolfgang Tillmans
Lighter II, 2006
C-Print in Acrylglasrahmen
65 x 54 x 12,5 cm
Courtesy Galerie Daniel Buchholz, Köln

Sylvie Fleury
Revive, 2001/02
Blaues Neonlicht
80 x 360 cm
Courtesy Galerie Thaddaeus Ropac Salzburg – Paris

Fernando & Humberto Campana
Aster Papposus, 2006
Zweiteiliges Sitzelement aus Polyurethanschaum
Hersteller: edra

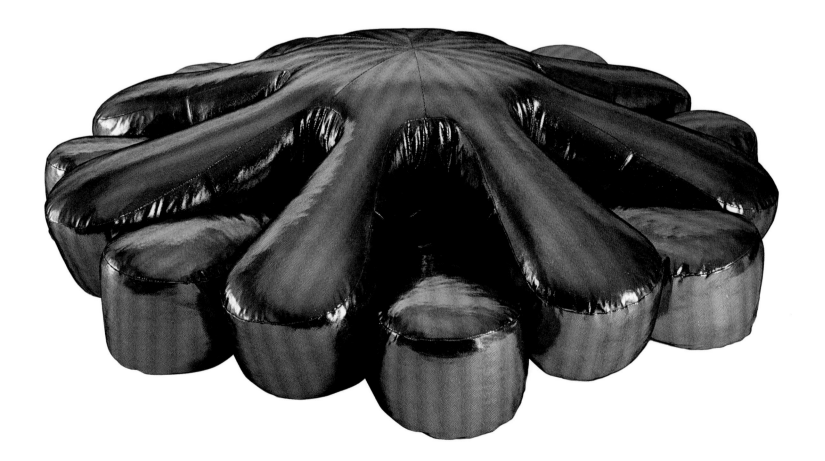

BarberOsgerby
Aluminium Shell Chair, 2007
Poliertes Aluminium, Lack
Edition von 8 für 20ltd

Dan Flavin
Untitled, 1997
Dauerausstellung in der Kirche Santa Maria
in Chiesa Rossa, Mailand
Fluoreszierendes Licht in Blau, Rot,
Gelb und Ultraviolett
© 2009, ProLitteris, Zürich
Courtesy Fondazione Prada, Mailand

MVRDV
Didden Village, Rotterdam, 2007
Erweiterung eines Privathauses
Blaue Polyurethanbeschichtung
Luftbild und Ansicht Dachterrasse

Didden Village, Rotterdam, 2007
Erweiterung eines Privathauses
Blaue Polyurethanbeschichtung
Luftbild und Ansicht Dachterrasse

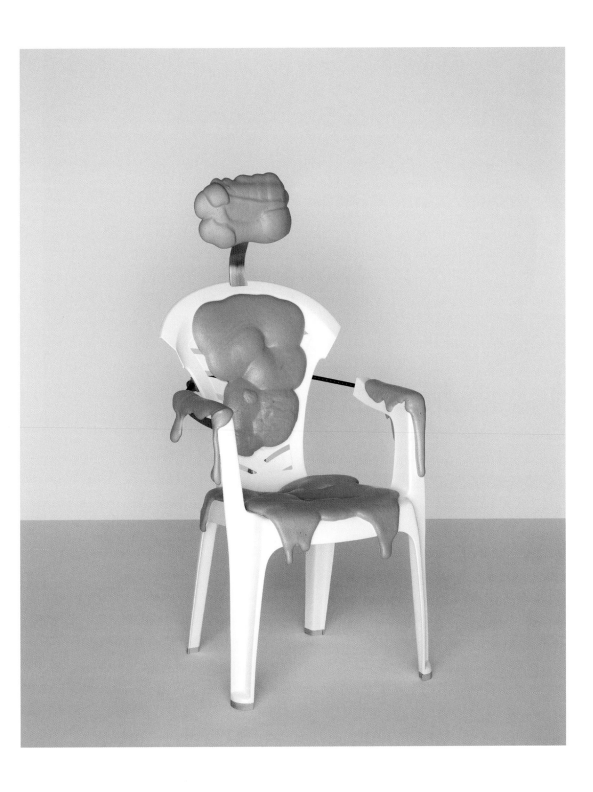

Wolfgang Tillmans
himmelblau, 2005
C-Print, verschiedene Größen
Courtesy Galerie Daniel Buchholz, Köln

Jerszy Seymour
New Order, 2007
Polypropylene, Metall, Polyurethan
L 115 x B 54 x H 54 cm
Prototyp für Vitra Edition
Hersteller: Vitra

Keisuke Fujiwara
Spool Chair (Fire/Water), 2008
Stuhl „Thonet Nr. 14", umwickelt
mit insgesamt 6 Kilometer Faden

BarberOsgerby
Iris 1300, 2008
Eloxiertes Aluminium, Glas
H 40, ø 130 cm
Limitierte Edition von 12
Hersteller: Established & Sons

Pierre Charpin
Cargo, 2008
Matt lackiertes Aluminium
L 190 x B 70 x H 30 cm
Limitierte Edition von 8 + 2 A.P. + 2 Prototypen
Hersteller: Galerie Kreo
Courtesy Galerie Kreo, Paris

Maarten Van Severen
Kast met gekleurde deuren, 2000
Kommode mit Schiebetüren,
5 verschiedene Aluminiumoberflächen
B 357,7 x H 144,8 x T 40 cm
Edition für Galerie Kreo, Paris
Hersteller: tm, division topmouton

Ayzit Bostan
Ayzit 1, 2008
Ledertasche
Hersteller: Bree

SPLITTERWERK
Grüner Laubfrosch, St. Josef, Österreich, 2004
Grüne, transluzente Polyester-Wellplatten
mit innen liegenden Neonröhren

BarberOsgerby
Lanterne Marine, 2009
Mundgeblasenes Glas, eloxierter Aluminiumrahmen
Limitierte Edition
Hersteller: Venini

Tony Cragg
On a Roll, 2003
Bronze
82 x 95 x 95 cm

Pierre Charpin
medium t, 2005
Beistelltisch aus „The Platform Collection"
Gebürstetes und lackiertes Aluminium
Max. L 140 x max. B 81 x H 35 cm
Limitierte Edition von 8 + 2 A.P. + 2 Prototypen
Hersteller: Galerie Kreo

Maarten De Ceulaer
A Pile of Suitcases, 2008
Multiplex, Hartfaserplatten, verschiedene Ledersorten
L 115 x B 65 x H 210 cm
Limitierte Edition von 12 + 3 A.P. für Galerie Nilufar, Mailand

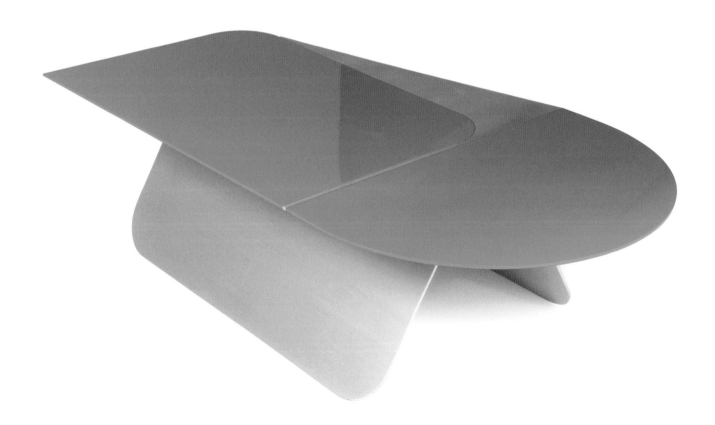

Andreas Exner
Grüner Rock, 1992
Stoff, genäht
Ca. 60 x 64 cm
Sammlung Kienbaum
© 2009, ProLitteris, Zürich
Courtesy Galerie Horst Schuler, Düsseldorf

Berta Fischer
Yola, 2007
Acrylglas
110 x 147 x 125 cm
Courtesy Galerie Giti Nourbakhsch, Berlin

Untitled aus „Memphis", 1976
© Eggleston Artistic Trust
Courtesy Cheim & Read, New York

Wolfgang Tillmans
Freischwimmer 55, 2004
C-Print auf Forex aufgezogen im Künstlerrahmen
181 x 237 x 6 cm
Courtesy Galerie Daniel Buchholz, Köln

Tham & Videgård Hansson Arkitekter
Wohnungsumbau in Humlegården, Stockholm, 2008
Farbiges Boden- und Wandparkett

Hella Jongerius
Artificial vase Vert „#4", Kollektion „Natura Design Magistra", 2009
Vase: Grünes Glas, weißes Terrakotta
Blumen: Geblasenes Glas, Leder
H 116 cm (Gesamthöhe)
Nummeriertes Unikat
Courtesy Galerie Kreo, Paris

Raw-Edges, Shay Alkalay
Stack, 2008
H 180 cm
Kommode mit flexiblen Schubladenelementen
Hersteller: Established & Sons

Arik Levy
Rock Fusion Soft, 2008
Polyethylenstruktur mit Stoffpolsterung
Limitierte Edition
Hersteller: Ldesign

Richard Woods
Wrongwoods, 2007
Muster in Holzmaserung
Design der Kommode: Sebastian Wrong
L 109,2 x B 50,8 x H 73,6 cm
Hersteller: Established & Sons

Shaan Syed
Shoegazer Number Three, 2008
Öl und Spachtelmasse auf Leinwand
183 x 153 cm
Courtesy Galerie Michael Janssen, Berlin
© Shaan Syed

Carsten Höller
Reindeer, 2008
Hellgrüner Zweikomponenten-Kunststoff, blaue Glasaugen, Horn
10 x 56 x 28 cm
Detailansicht
© 2009, ProLitteris, Zürich
Courtesy Carsten Höller und Esther Schipper, Berlin

Anselm Reyle
Ohne Titel, 2005
Mischtechnik auf Leinwand, Acrylglas
234 x 199 x 20 cm
DaimlerChrysler Contemporary
© 2009, ProLitteris, Zürich
Courtesy Galerie Giti Nourbakhsch

Jaime Hayón
Green Chicken, 2006
Lackiertes Fiberglas
L 100 x B 40 x H 121 cm

Schulz & Schulz Architekten
Polizeirevier Chemnitz-Süd, Chemnitz, Deutschland, 2008
Umgestaltung und Sanierung

Donald Judd
Untitled (Stack), 1967
New York, Museum of Modern Art (MoMA)
Lack auf galvanisiertem Eisen
12 Teile, je 22,8 x 101,6 x 78,7 cm, vertikal installiert mit je 22,8 cm Abstand
Nachlass Helen Achen (durch Tausch) und Schenkung Joseph Helman
© Judd Foundation/2009, ProLitteris, Zürich
© 2009. Digital image, The Museum of Modern Art, New York/Scala, Florenz

Massimiliano & Doriana Fuksas
Kensington Gardens, 2008
Installation auf der Architekturbiennale in Venedig
Ansicht Ausstellungscontainer

Anish Kapoor
Wave, 2003
Aluminium, Farbe
T 46,5, ø 226 cm
Courtesy Lisson Gallery

Katharina Fritsch
Elefant, 1987
Polyester, Holz, Farbe
160 x 420 x 380 cm
© Katharina Fritsch/2009, ProLitteris, Zürich
Courtesy Matthew Marks Gallery, New York

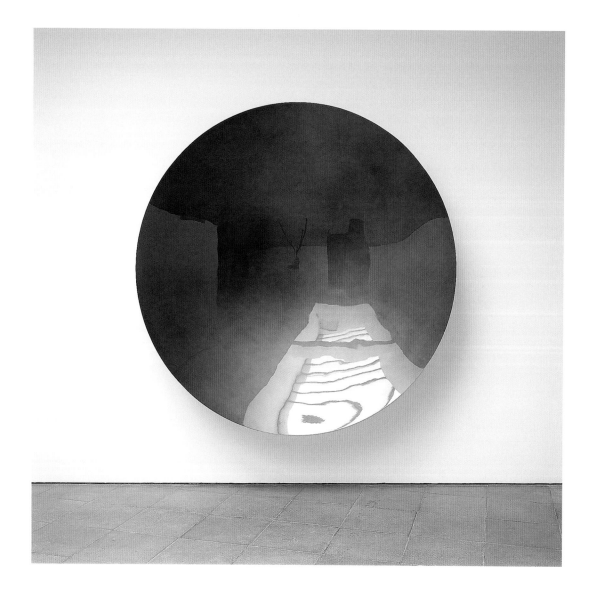

Sylvie Fleury
Mushroom (BC T 500 Gemini 0006), 2005
Glasfaser, Metallic-Autolack
H 130, ø 110 cm, 2-teilig
Unikat
© Sylvie Fleury
Courtesy Sprüth Magers Berlin London
und Thaddaeus Ropac Salzburg – Paris

Mattia Bonetti
Heather, 2007
Kommode aus Fiberglas, Metallfarbe
H 99 x B 130 x T 65 cm
Editions David Gill, limitiert auf 8 + 2 P. + 2 A.P.
© 2009, ProLitteris, Zürich
Courtesy David Gill Galleries

Mass Studies, Minsuk Cho
Ann Demeulemeester Shop, Seoul, 2007
Vertikale Gärten, farbiger Sichtbeton,
mit Moos bewachsenes, innen liegendes Treppenhaus
Treppen -und Außenansicht

Zaha Hadid
Gyre, 2006
Polyester, Gießharz
L 212 x B 142 x H 67,5 cm
Auflage von 12
Hersteller: Established & Sons

Hella Jongerius
Polder Sofa, 2005
L 226 bis 333 x B 95,9 bis 100 x H 78 cm
Hersteller: Vitra

BarberOsgerby
Iris 1200, 2008
Eloxiertes Aluminium, Glas
H 39, ø 120 cm
Limitierte Edition von 12
Hersteller: Established & Sons

Hella Jongerius
Office Pets, Beetle, 2007
Leder, Polyurethan
H 195, ø 62 cm
Edition von je 8 für Vitra Edition
in Kooperation mit Galerie Kreo, Paris
Hersteller: Vitra

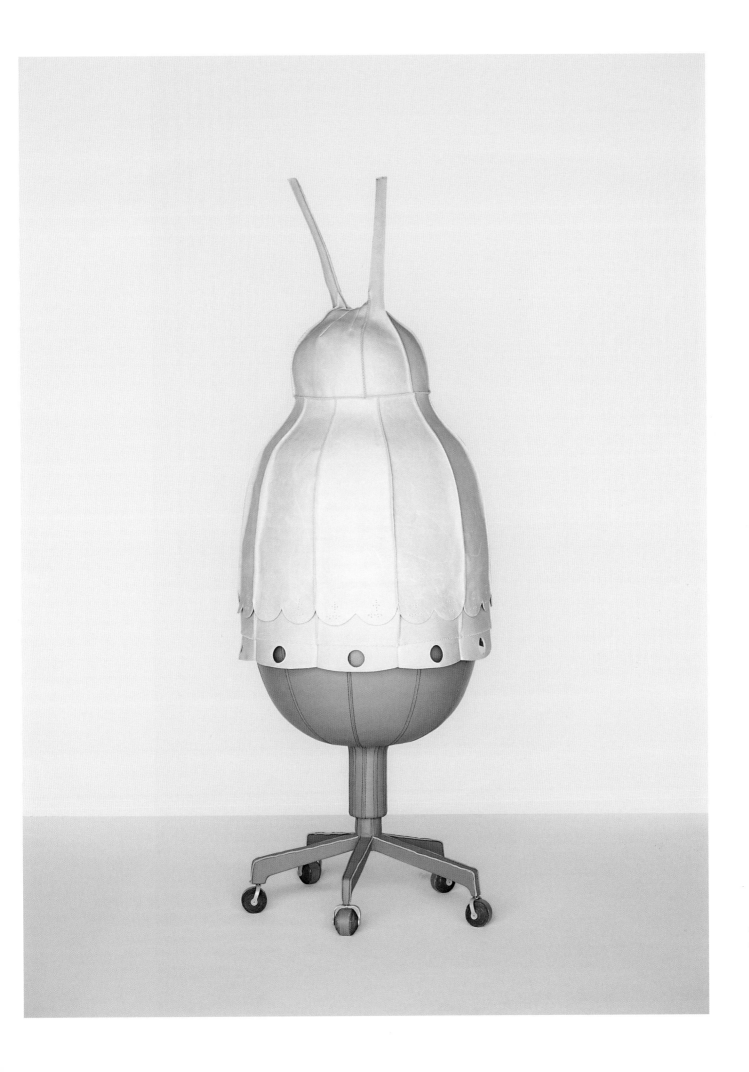

David Chipperfield Architects
„City of Justice", Barcelona, 2008
Justizzentrum
Beton, eingefärbt in Pastelltönen

Joachim Grommek
B4, 2007
Lack, Acryl, Öl, Grundierung
auf kunststoffbeschichteter Spanplatte
65 x 50 cm
Privatsammlung, Ravensburg
Courtesy VOUS ETES ICI, Amsterdam

BarberOsgerby
Lanterne Marine, 2009
Mundgeblasenes Glas, eloxierter Aluminiumrahmen
Limitierte Edition
Hersteller: Venini

Tom Dixon
Copper Shade, 2005
Polykarbonat, Kupfer
H 41, ø 45 cm
Hersteller: Tom Dixon

Studio Job
The Last Supper, Gospel, 2009
Verrostetes Gießeisen
145 x 86 x 90 cm
Edition von 2 + 1 A.P.
Kollektion ING art collection
Detail der Skulptur

Tilo Schulz
Intarsie, 2006
Holz-Furnier-Intarsie
40 x 70 cm
Courtesy Dogenhaus Galerie, Leipzig

William Egggleston
Untitled, 1971
© Eggleston Artistic Trust
Courtesy Cheim & Read, New York

Jurgen Bey, Studio Makkink & Bey
Ear Chair, 2008 (erster Entwurf 2002)
L 110 x B 78 x H 149 cm
Hersteller: Prooff

Valerio Olgiati
Haus für einen Musiker, Scharans, Schweiz, 2007
Rot gefärbter Beton
© Archiv Olgiati

Maarten Baas
Plastic Chair in Wood, 2008
Geschnitztes Ulmenholz, Lack
H 78 x B 55 x T 56 cm
Courtesy Contrasts Gallery, Schanghai

FORM Kouichi Kimura Architects
House of Vision, Shiga, Japan, 2008
Privathaus

Ron Arad
Do-Lo-Rez, 2008
Holzgestell, Schaumstoff
Hersteller: Moroso

Thomas Demand
Archiv, 1995
C-Print/Diasec
183,5 x 233 cm
© Thomas Demand/2009, ProLitteris, Zürich
Courtesy Sprüth Magers Berlin London

Arik Levy
Rock Wood, 2007
Wenge-Holz
Limitierte Edition
Hersteller: Ldesign
Courtesy ROVE, London

Tilo Schulz
Intarsie, 2008
Holz-Furnier-Intarsie
60 x 60 cm
Courtesy Dogenhaus Galerie, Leipzig

ACHROMATIC

Sirous Namazi
Interior, 2007
7 Lambda-Prints, befestigt mit Acrylglas und Aluminium
3 Tafeln, je 89 x 110 cm, und 4 Tafeln, je 110 x 89 cm
Edition von 6
Courtesy Sirous Namazi und Galerie Nordenhake
Berlin/Stockholm

Front
Tensta Chair, 2005
Ledersitz, Plastikstuhl
Teil einer Installation in der Tensta Konsthall, Stockholm, 2005

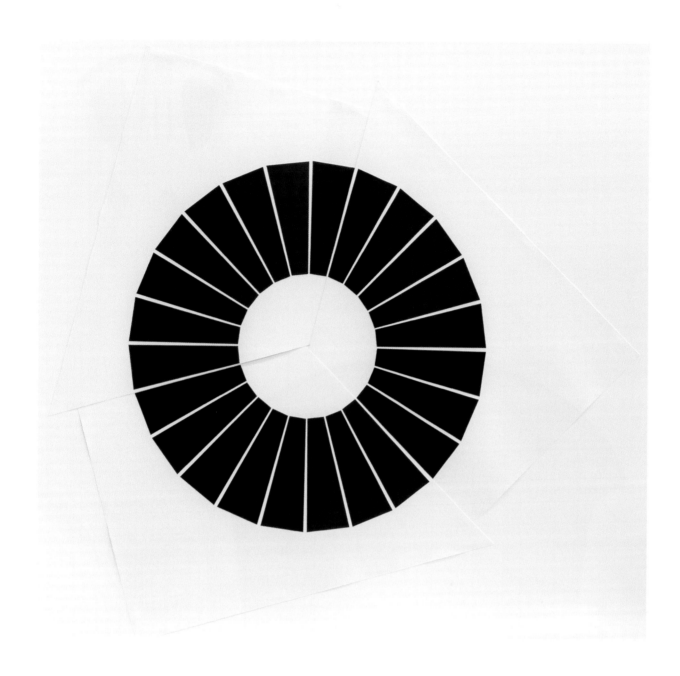

Olafur Eliasson
The black colour circle, 2008
Aus: *The colour circle series*, part 3
Farb-Gravüre
171 x 175 cm
Courtesy Olafur Eliasson; neugerriemschneider, Berlin;
Niels Borch Jensen Galerie und Verlag, Berlin;
Tanya Bonakdar Gallery, New York
© Olafur Eliasson

Katharina Fritsch
Schwarzer Schirm, 2004
Kohlefaser, Aluminium, Kunststoff, Lack
H 120, ø 100 cm
© Katharina Fritsch/2009, ProLitteris, Zürich
Courtesy Matthew Marks Gallery, New York

Studio Job
Pyramid (Gießform), 2008
Verschiedene Materialien, Wachs
Ca. 45 x 65 x 150 cm

Maison Martin Margiela
Kleidungsstück aus der MMM 20th anniversary show
Frühjahr/Sommer 2009
Laufstegfoto

Jaime Hayón
Horse Vase, 2007
Keramik
B 43,18 x H 34,98 cm
Hersteller: Bosa Ceramiche

Maarten Baas
Smoke, 2004
Verbrannter Designklassiker, Epoxidharzbeschichtung
Originaldesign: Ettore Sottsass' „Carlton"-Raumteiler, 1981
H 196 x B 190 x T 40 cm
Courtesy Moss, New York

Peter Haimerl
Das Schwarze Haus, Krailing, Deutschland, 2006
Umbau eines Siedlungshauses aus den dreißiger Jahren

BLESS
Fat Knit Hammock, 2007
(Kollektion BLESS N°28 Climate Confusion Assistance)
Basis: weißer Baumwollstoff, Auflage: Handgestrickte,
mit Watteline gefüllte Nylonwürste
Courtesy Musée d'Art Contemporain Genève

BLESS
Car Cover (Kollektion BLESS N°35 Automatica), 2008
Autoabdeckung, exklusiv gestaltet für das Magazin *Intersection*
Baumwollstoff

Konstantin Grcic
Landen, 2007
Stahlprofil, Metallgitter, Gummi
L 262 x B 262 x H 130 cm
Edition von 12 für Vitra Edition
Hersteller: Vitra

Andreas Exner
Schwarze Jacke, 1992
Stoff, genäht
Ca. 80 x 57 cm
© 2009, ProLitteris, Zürich
Courtesy Galerie Horst Schuler, Düsseldorf

BarberOsgerby
Aluminum Zero-In, 2005
Spiegelpoliertes, handgeformtes Aluminium, Glas
L 120 x B 120 x H 40 cm
Edition von 12
Hersteller: Established & Sons

Maison Martin Margiela
Foxstole in party paper balls (Women)
Artisanal Collection, Frühjahr/Sommer 2008
Party-Papierkugeln, mit China-Tinte handgefärbt

Anselm Reyle
Ohne Titel, 2008
Mischtechnik auf Leinwand, Acrylglas
143 x 121 x 18,5 cm
Privatsammlung
© 2009, ProLitteris, Zürich
Courtesy Gagosian Gallery, New York

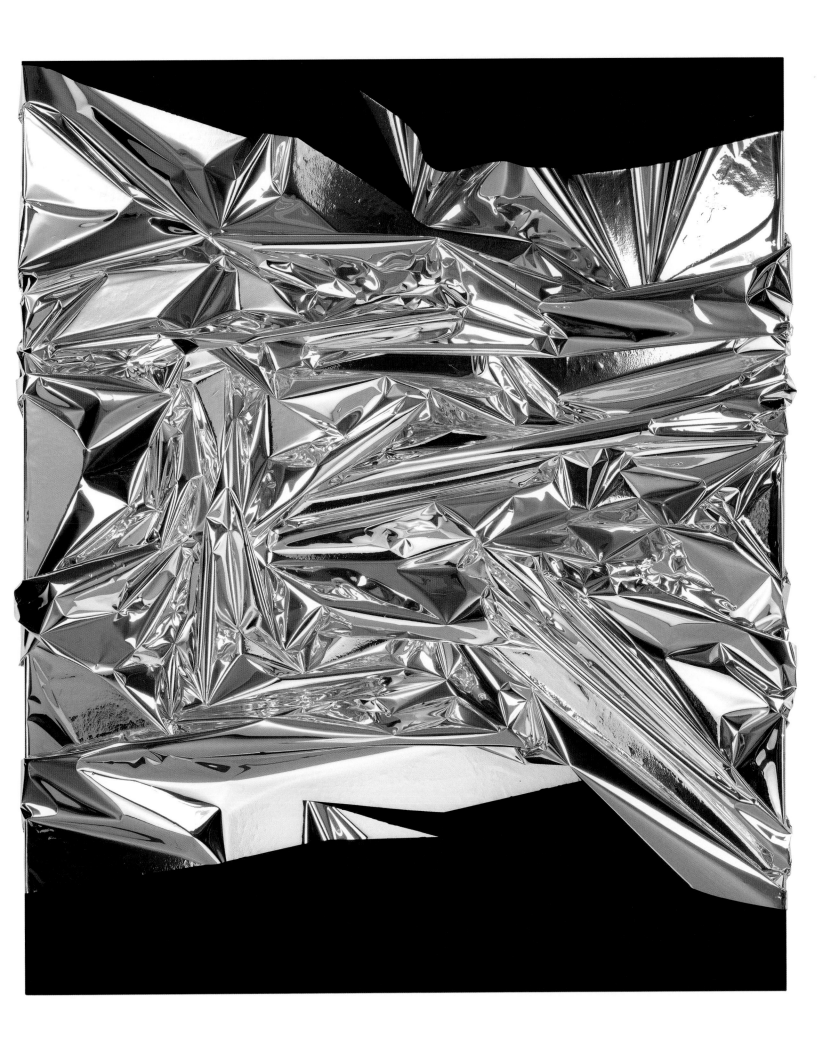

Gerhard Richter
Grau, 1973
Öl auf Leinwand
250 x 200 cm
Sammlung Ströher
(GR 334)
© Gerhard Richter

FORM Kouichi Kimura Architects
House of Inclusion, Shiga, Japan, 2009
Privathaus

Studio Schellmann Furniture
Storage, 2008
Stahlgestell, Euro-Fix-Plastikbehälter
Behälter 32 x 40 x 60 oder 32 x 14 x 60 cm
Einheit mit 6 Behältern 80 x 136 x 60 cm
Courtesy Schellmann Furniture, München – New York

Hella Jongerius
Grenouille-Tisch, Kollektion „Natura Design Magistra", 2009
Walnussholz und transparente Emaillefarbe
H 120 x B 210 x T 105 cm (Gesamtmaß)
Nummerierte limitierte Edition von 8 + 2 A.P. + 2 Prototypen
Detailansicht
Courtesy Galerie Kreo, Paris

Front
Changing cupboard, 2007
Schrank mit sich ständig verändernder Vorderseite,
basierend auf den Rotationselementen von Werbetafeln

Nitzan Cohen
nan15, Bücherregal, 2008
Stahlblech 0,2 cm, pulverbeschichtet
Pro Einheit: B 46,8 x T 31,4 x H 19,2 cm
Hersteller: nanoo by Faserplast

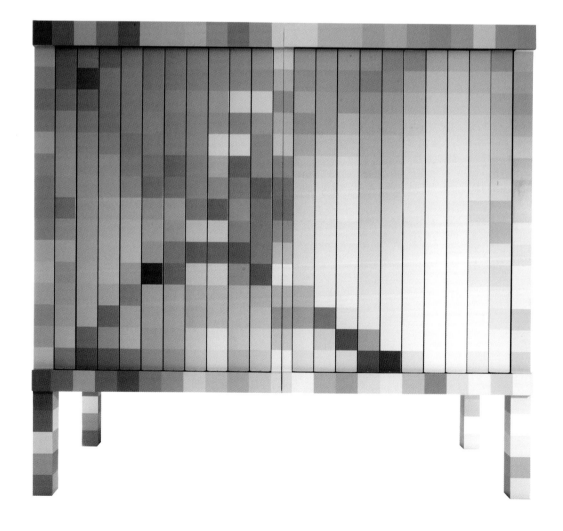

Valerio Olgiati
Das Gelbe Haus, Flims, Schweiz, 1999
Feiner weißer Kalkanstrich
© Archiv Olgiati

Richard Woods
Wrongwoods, 2009
Muster in Holzmaserung
Design der Kommode: Sebastian Wrong
L 109,2 x B 50,8 x H 73,6 cm
Hersteller: Established & Sons

Nendo
Cabbage Chair, 2008
Wachsbeschichtetes Abfallpapier aus der Herstellung
von Plissee-Stoffen
Entworfen für die Ausstellung „XXIst Century Man",
21_21 Design Sight, Tokio

Saskia Diez
Papier, 2009
Tyvek®, leichtes und strapazierfähiges Synthetikpapier
49 x 25 x 32 cm, Gewicht 135 Gramm

Hiroshi Nakamura & NAP Architects
House SH, Tokio, 2005
Stahlbetonstruktur mit Zementmörtel,
AEP-Farbanstrich

Konstantin Grcic
Diana F, 2002
Beistelltisch
Pulverbeschichtetes Stahlblech
44 x 53 x 25 cm
Hersteller: ClassiCon

Maison Martin Margiela
Elastic Jacket (Women)
Artisanal Collection, Frühjahr/Sommer 2008
Weiße Gummibänder in verschiedenen Breiten
und Farbabstufungen

Tokujin Yoshioka
Paper Cloud, 2009
Sofa, Prototyp in Papier
L 97 x B 97 x H 60 cm
Hersteller: Moroso

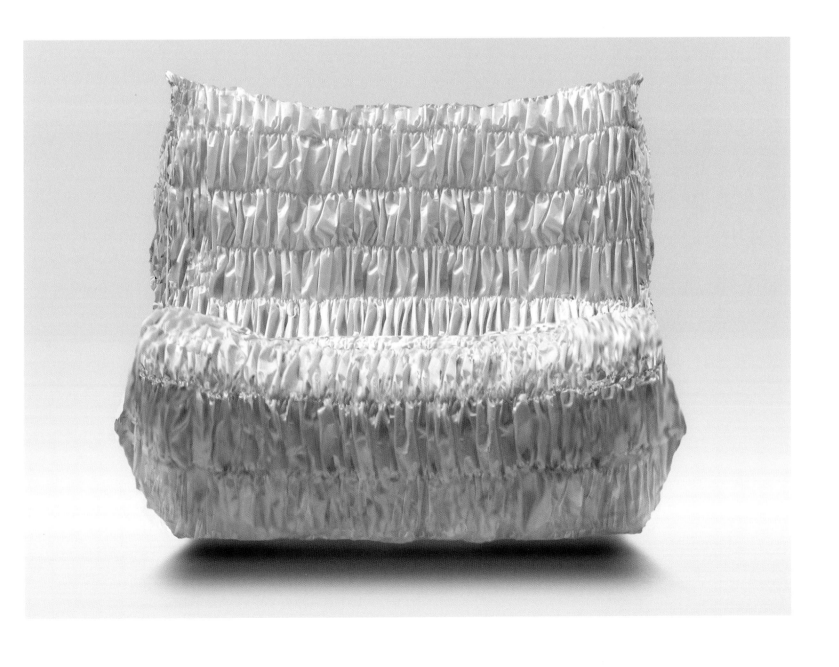

Jaime Hayón
Sessel, BD Showtime Kollektion, 2006
B 90 x T 82 x H 168 cm
Hersteller: Bd Barcelona Design

Katharina Grosse
This Is No Dogshit, 2007
Acryl auf Glas, Metall, Backstein, Pflasterstein
Ausstellungsansicht: „Franchise" Foundation, Leeuwarden, 2007
© Katharina Grosse/2009, ProLitteris, Zürich

Studio Job
Cake of Peace, Biscuit, 2006
Biskuitporzellan
B 25 x T 25 x H 22 cm
Kollektion Groninger Museum
Hersteller: Royal Tichelaar Makkum

Jurgen Bey
Slow Car, 2007
Polyurethan, Stahlstruktur
L 250 x B 180 x H 250 cm
Prototyp für Vitra Edition
Hersteller: Vitra

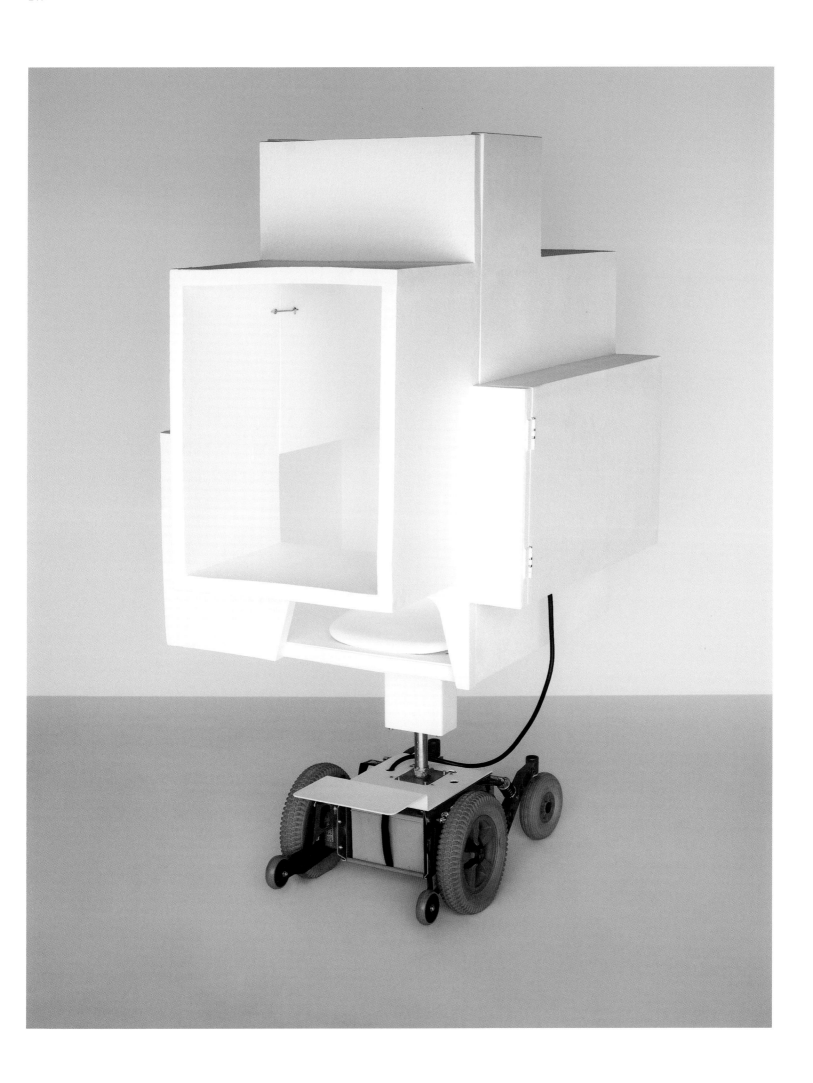

Stefan Diez
Couch, 2005
Füllung aus Schaumstoff mit Ergofill, Canvasbezug
L 155 x B 75 x H 73 cm
Hersteller: elmarflötotto

Olafur Eliasson
The white colour circle, 2008
Aus: *The colour circle series*, part 3
Farb-Gravüre
171 x 174 cm
Courtesy Olafur Eliasson; neugerriemschneider, Berlin;
Niels Borch Jensen Galerie und Verlag, Berlin; Tanya
Bonakdar Gallery, New York
© Olafur Eliasson

MULTICHROMATIC

Liam Gillick
Shelf System A, 2008
Pulverbeschichtetes Aluminium
Je 10 x 20 x 100 cm
Edition von 100
Courtesy Liam Gillick und Schellmann Furniture,
München – New York

Beat Zoderer
Transparente Ordnung, 1991
3 Klarsichthüllen, ineinandergesteckt
22,5 x 22 cm
© 2009, ProLitteris, Zürich
Courtesy Beat Zoderer

Astrid Bornheim Architektur
Fassade der Eternit-Hauptverwaltung, Heidelberg, 2006
Fassadenneugestaltung für ein 1964 erbautes Gebäude
in Zusammenarbeit mit dko architekten, Berlin
Faserzement-Platten

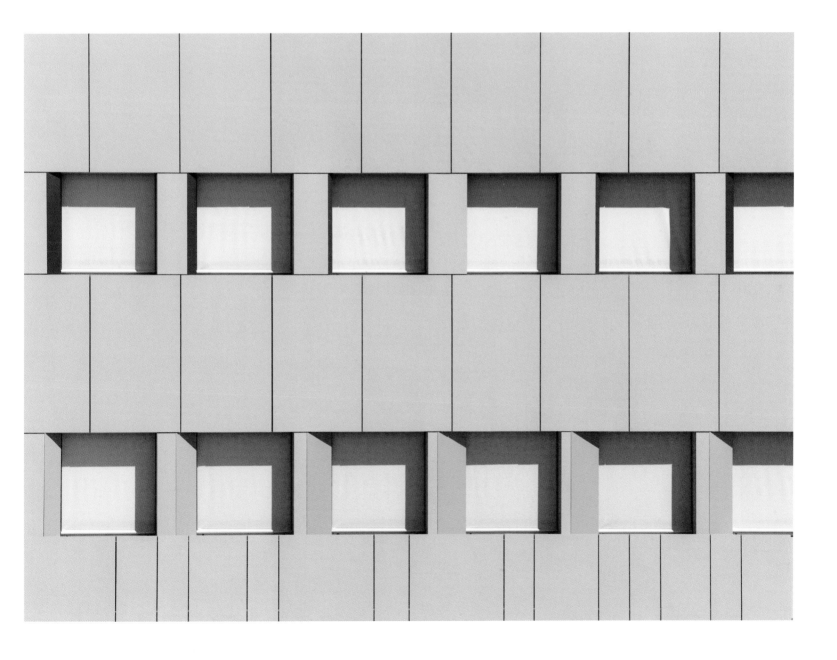

Michael Reiter
Komet, 2007
Polyesterbänder, genäht
Ca. 53 x 36 x 11 cm
Courtesy Galerie Martina Detterer

Ellsworth Kelly
Spectrum IV, 1967
New York, Museum of Modern Art (MoMA)
Öl auf Leinwand, 13 Tafeln
297,2 x 297,2 cm
Nachlass Mrs. John Hay Whitney und The Sidney and Harriet
Janis Collection (jeweils durch Tausch), Schenkung Irving Blum
©2009. Digital image, The Museum of Modern Art,
New York/Scala, Florenz

Imi Knoebel
Fishing Pink, 2009
Acryl, Aluminium
300 x 450,4 x 16 cm
© Imi Knoebel/2009, ProLitteris, Zürich

Gerhard Richter
192 Farben, 1966
Öl auf Leinwand
200 x 150 cm
(GR 136)
© Gerhard Richter

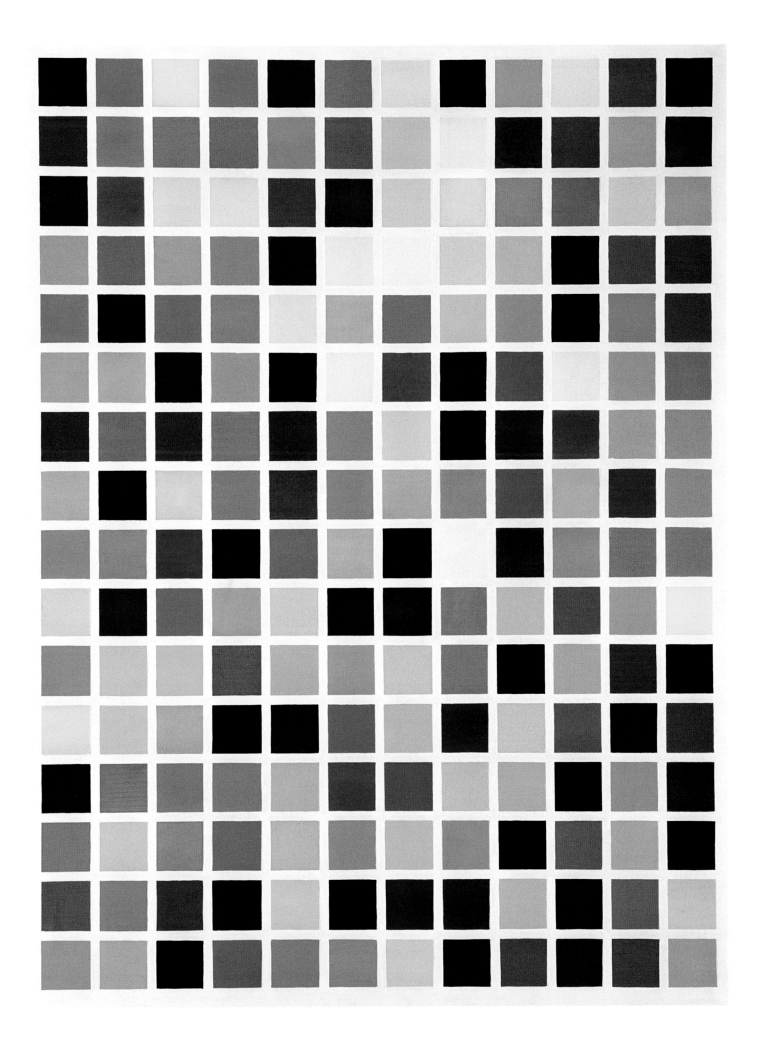

Katharina Grosse
Holey Residue, 2006
Acryl auf Erde, Leinwand, Wand
379 x 667 x 464 cm
Ausstellungsansicht: „Holey Residue", De Appel,
Amsterdam 2006
© Katharina Grosse/2009, ProLitteris, Zürich

Keisuke Fujiwara
5 pm in the autumn [Hoher Tisch], 2002
5 pm in the summer -windy- [Niedriger Tisch], 2003
Aus der „Titanium Work Series", Beginn 2001
Eloxiertes Titanium

Kostas Murkudis
96dresses, 2008
Seide

Joachim Grommek
#80 (Polaroid), 2006
Lack, Acryl, Öl, Grundierung
auf kunststoffbeschichteter Spanplatte
50 x 50 cm
Privatsammlung, Deutschland
Courtesy VOUS ETES ICI, Amsterdam

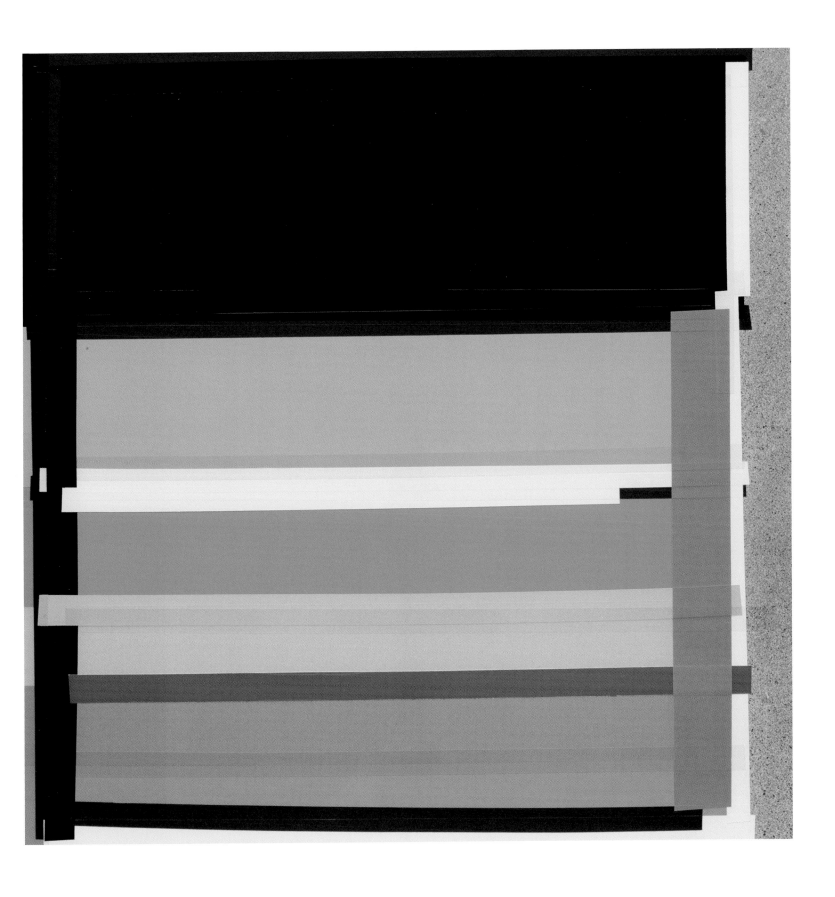

Committee, Clare Page & Harry Richardson
Victory aus der Serie „Kebab Lamps", 2006
Leuchte aus aufgespießten Fundstücken

Carsten Höller
Tortoreto Ondablu, 2007
C-Print, montiert auf Aluminium
92,5 x 124 cm (Motivgröße), 117,5 x 149 cm
(fotografische Papiergröße)
© 2009, ProLitteris, Zürich
Courtesy Carsten Höller und Esther Schipper, Berlin

Scholten & Baijings
Colour Plaid 03, 2005
Merinowolle und Baumwolle
140 x 180 cm und 280 x 260 cm
Hersteller: Scholten & Baijings und De Ploeg

Olav Christopher Jenssen
Relevance (From the Protagonist), 2007/2008
Acryl auf Leinwand
B 245 x H 245 cm
© 2009, ProLitteris, Zürich
Courtesy Galleri Riis, Oslo

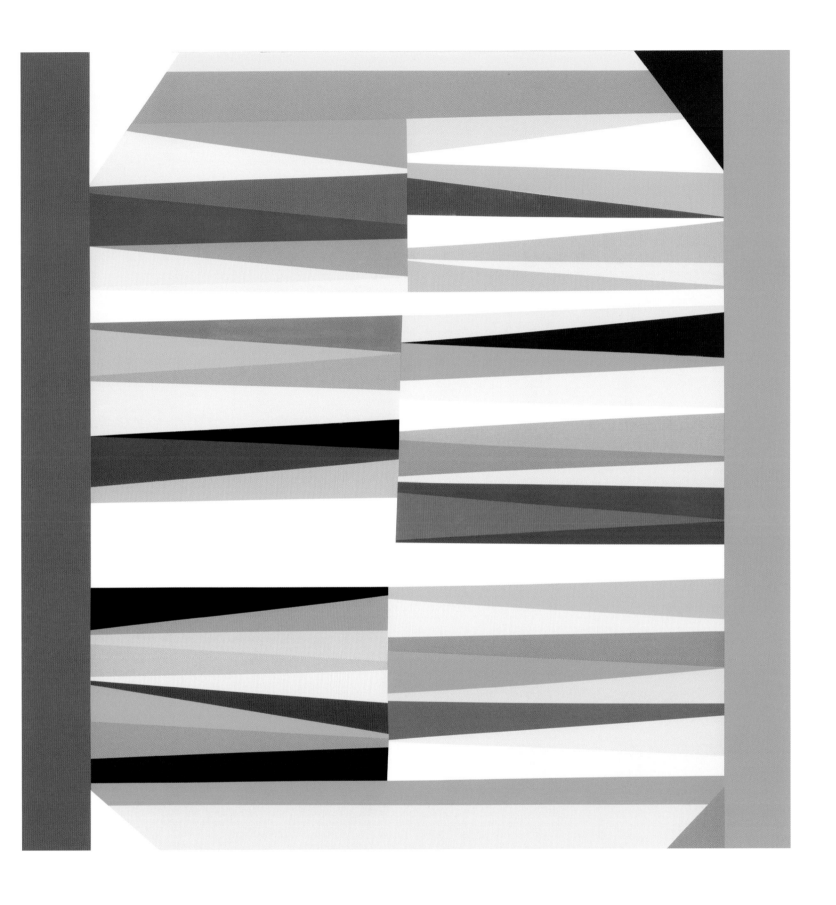

Jean Nouvel
Torre Agbar, Barcelona, 2005
Aluminium-Glasfassade mit 40 verschiedenen Farbtönen

Sirous Namazi
Untitled (Modules), 2007
Eisen, Emaillefarbe
168 x 175 x 28 cm
Courtesy Sirous Namazi und Galerie Nordenhake
Berlin/Stockholm

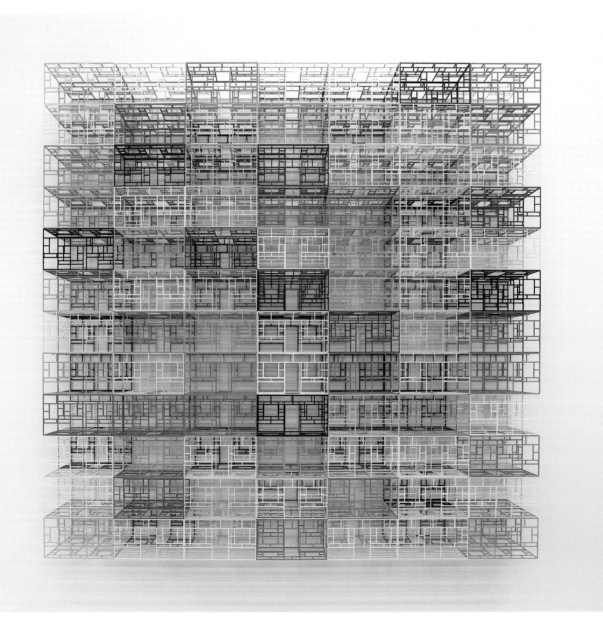

Liam Gillick
RELIEVED DISTRIBUTED, 2007
Pulverbeschichtetes Aluminium
20 Elemente, je L 200 x B 3 x T 15 cm, mit je 4 cm Abstand montiert
L 200 x B 136 x T 15 cm (Gesamtmaß)
Unikat
Courtesy Liam Gillick und Casey Kaplan, New York

John Baldessari
Beast (Orange) Being Stared At: With Two Figures (Green, Blue), 2004
Dreidimensionaler lichtechter Digitaldruck mit Acrylfarbe
auf Tafeln aus Forex-, Dibond- und Gatorfoam
305,8 x 354 x 8,9 cm
Courtesy John Baldessari, Marian Goodman Gallery, New York
und Paris, und Sprüth Magers Berlin London

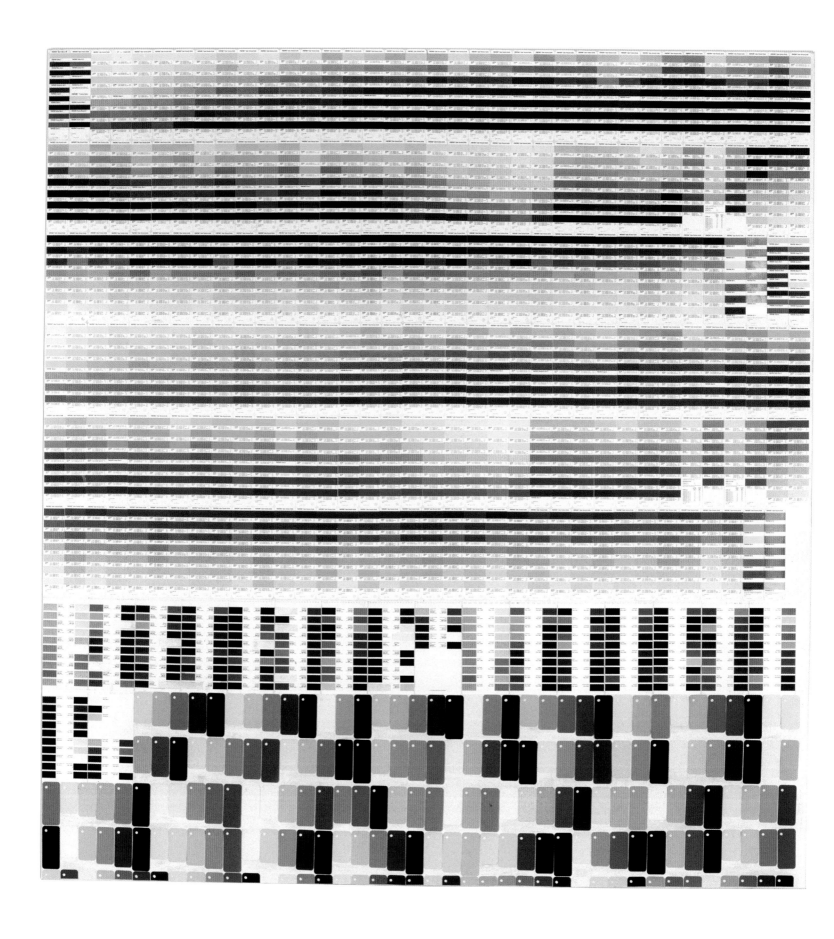

Beat Zoderer
RAL und Pantone, 1995
RAL- und Pantonefarbfächer auf Leinwand, geklebt
190 x 180 cm
© 2009, ProLitteris, Zürich
Courtesy Beat Zoderer

BLESS
Handknitted Sweater Degradé (Kollektion BLESS N°19 Uncool), 2003
Handgestrickter Pullover mit Farbverlauf aus Wolle
Courtesy BLESS

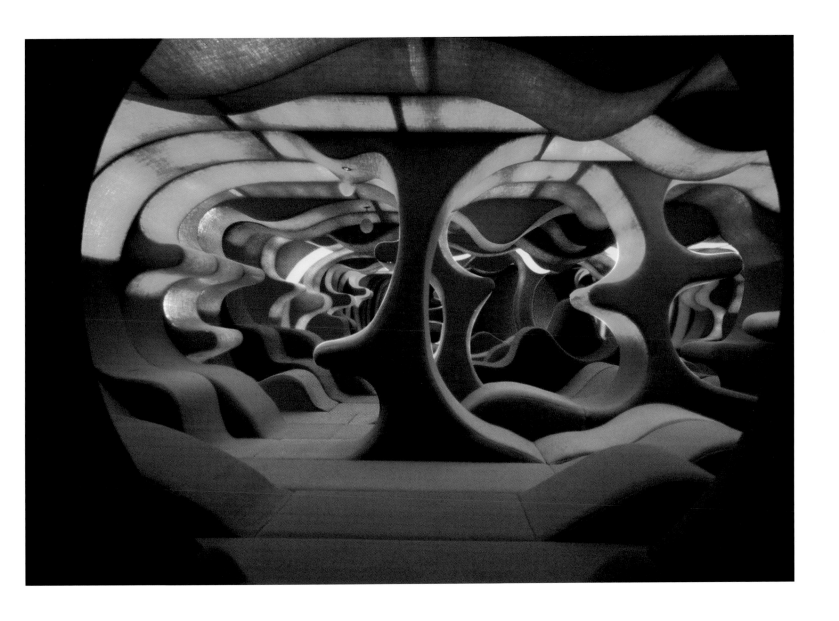

Fernando Brízio
Painting With Giotto #1, Vase, 2005
Fayence und Filzstifte
H 39, ø 29 cm
Limitierte Edition von 20 + 2 A.P. + 2 Prototypen
Courtesy Galerie Kreo, Paris

Verner Panton
Visiona 2, 1970
Installation zur Kölner Möbelmesse auf einem Ausflugsdampfer
Auftraggeber: Bayer

Studio Job
The Crucifixion, Gospel, 2009
Polychromes mundgeblasenes Glas, Blei, indisches Rosenholz
367 x 217 x 15 cm
Edition von 1 + 1 A.P.
Kollektion Zuiderzee Museum

Liam Gillick
RESCINDED PRODUCTION, 2008
Pulverbeschichtetes Aluminium, transparentes farbiges Acrylglas
L 240 x B 240 x H 200 cm
Unikat
Courtesy Liam Gillick und Casey Kaplan, New York

Committee, Clare Page & Harry Richardson
Love I, Love II, Love III aus der Serie „Evolution of Love", 2008
Porzellan
32 x 21 cm, 27 x 17 cm, 34 x 17 cm
Hersteller: Lladro

Gerhard Richter
1024 Farben, 1974
Lack auf Leinwand
299 x 299 cm
Sammlung Ströher
(GR 355-1)
© Gerhard Richter

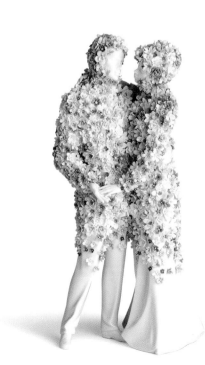

Nendo
Cabbage Chair, 2008
Wachsbeschichtetes Abfallpapier aus der Herstellung
von Plissee-Stoffen
Entworfen für die Ausstellung „XXIst Century Man",
21_21 Design Sight, Tokio

Peter Zimmermann
Ohne Titel, 2008
60 x 45 cm
Epoxidharz auf Leinwand
© 2009, ProLitteris, Zürich
Courtesy Galerie Michael Janssen, Berlin

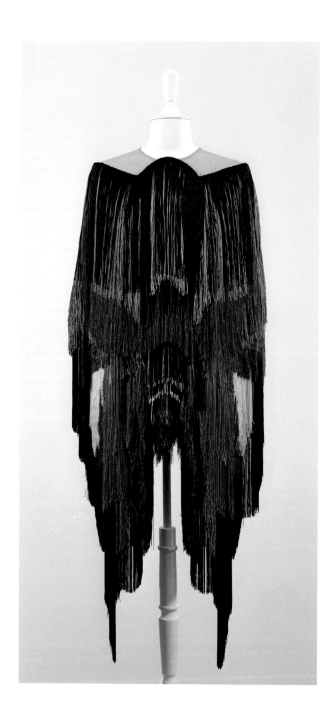

Maison Martin Margiela
Kite Tunic
Artisanal Collection, Frühjahr/Sommer 2009
Tunika aus einem Drachen genäht,
bestickt mit Viskosefransen (20 Meter)

Peter Zimmermann
Swiss II, 2005
200 x 145 cm
Epoxidharz auf Leinwand
© 2009, ProLitteris, Zürich
Courtesy Galerie Michael Janssen, Berlin

Experimentelle Fabrik, Magdeburg, Deutschland, 2001
Wissenschaftliches Forschungszentrum
Gebäudekomplex, überzogen mit einem geschwungenen,
gestreiften Metalldach in Orange, Pink und Silbergrau

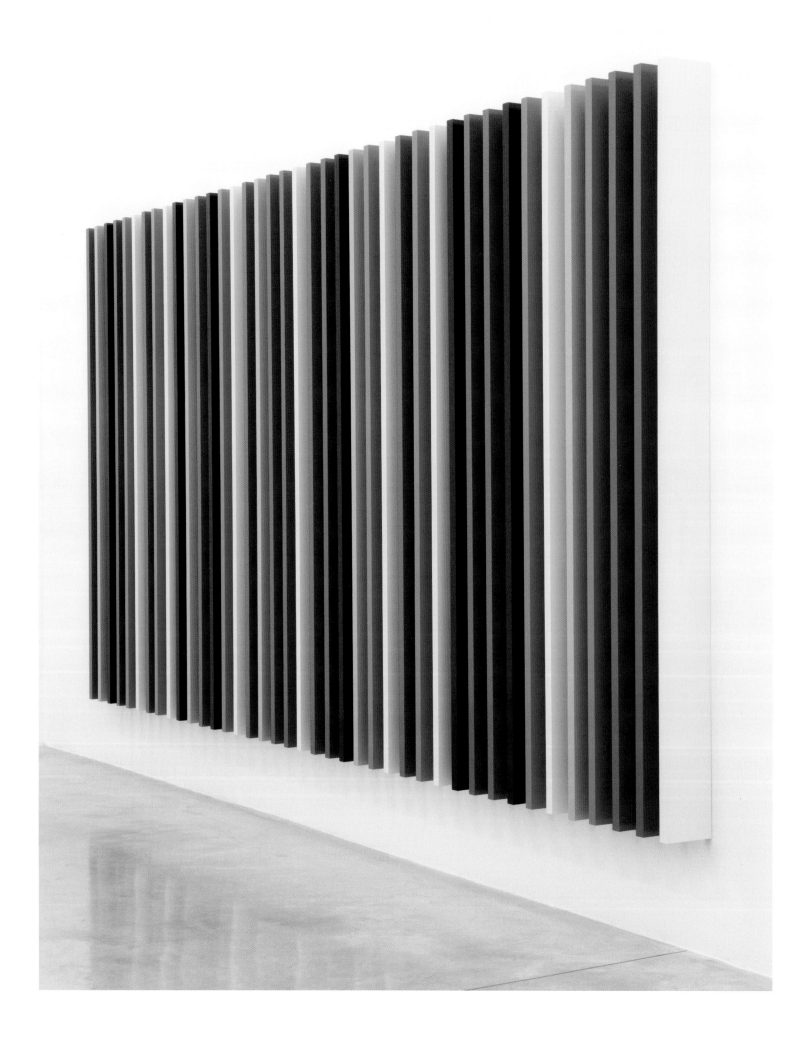

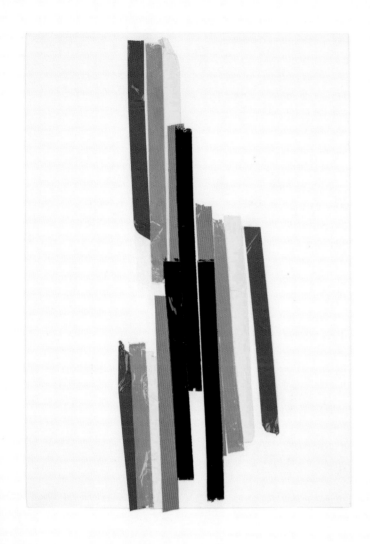

Liam Gillick
Between Kalmar and Udevalla, 2008
Pulverbeschichtetes Aluminium
40 Elemente, je L 200 x B 3 x T 15 cm, mit je 7 cm Abstand montiert
L 200 x B 393 x T 15 cm (Gesamtmaß)
Unikat
Courtesy Liam Gillick und Casey Kaplan, New York

Charlotte Posenenske
Streifenbild, 1965
Klebestreifen auf Papier
34 x 24 cm
Sig. u. dat.: „CMP 65" Museum Ludwig, Köln

Richard Woods
Stone Clad Cottages, 2008
Green Lodge Cottages, Kettering
Courtesy Fermyn Woods

Beat Zoderer
Kringel Nr. 1, 2005
Acrylvorlack auf Blechstreifen, gekringelt
ø 70 cm
© 2009, ProLitteris, Zürich
Courtesy Beat Zoderer

Richard Woods
Stone Clad Cottages, 2008
Green Lodge Cottages, Kettering
Courtesy Fermyn Woods

261

Sauerbruch Hutton
Museum Brandhorst, München, 2008
Fassade, bestehend aus 36 000 vertikal angeordneten
Keramikstäben, in 23 verschiedenen Farbtönen glasiert

Thomas Demand
Hinterhaus, 2005
C-Print/framed
26,9 x 21,5 cm
© Thomas Demand/2009, ProLitteris, Zürich
Courtesy Sprüth Magers Berlin London

OFIS Arhitekti
Appartments an der Küste, Izola, Slowenien, 2005
Markisen in unterschiedlichen Farben

Stefan Diez & Christophe de la Fontaine
Bent, 2006
Lasergeschnittenes und gebogenes Aluminium,
pulverlackiert mit Epoxidharz
L 93 x B 61 x H 69 cm
Hersteller: Moroso

Mansilla+Tuñón
MUSAC Museo de Arte Contemporáneo
de Castilla y León, León, Spanien, 2004
Fassade aus farbigem Glas

Olav Christopher Jenssen
Weimar, 2005–2006
Acryl auf Leinwand
B 245 x H 245 cm
© 2009, ProLitteris, Zürich
Courtesy Galleri Riis, Oslo

Wolfgang Tillmans
paper drop (rainbow), 2006
C-Print, verschiedene Größen
Courtesy Galerie Daniel Buchholz, Köln

David Adjaye & Peter Saville
Kvadrat Showroom, London, 2009
Treppenaufgang mit Balustrade in Farbspektrum

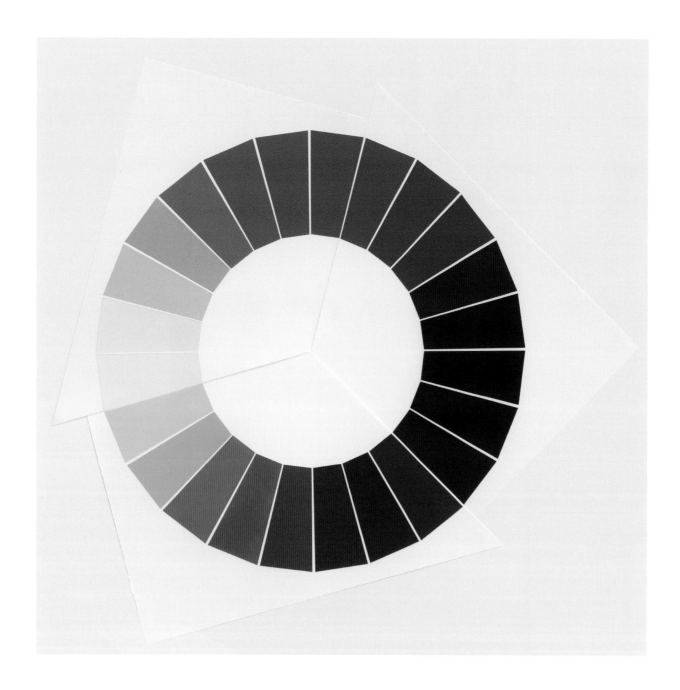

The constant colour circle, 2008
Aus: *The colour circle series*, part 1
Farb-Gravüre
168 x 175 cm
Courtesy Olafur Eliasson; neugerriemschneider, Berlin;
Niels Borch Jensen Galerie und Verlag, Berlin;
Tanya Bonakdar Gallery, New York
© Olafur Eliasson

Neuer Blumengroßmarkt „Mercabarna-Flor", Barcelona, 2008
Wände und Dach aus Zink, verkleidet mit einem umlaufenden Band
aus farbigen Paneelen

Anselm Reyle
Ohne Titel, 2007
Mischtechnik auf Leinwand, Edelstahlrahmen
227 x 332 cm
Ovitz Family Collection, Los Angeles
© 2009, ProLitteris, Zürich
Courtesy Gagosian Gallery, New York

Michael Reiter
Container, 2007
Polyesterbänder, genäht
Ca. 38 x 38 x 2 cm
Courtesy Galerie Martina Detterer

John Baldessari
Gavel, 1987
Zwei Schwarz-Weiß-Fotografien mit Vinylfarbe auf Karton
123,2 x 76,8 cm
Courtesy John Baldessari, Marian Goodman Gallery,
New York und Paris, und Sprüth Magers Berlin London

Imi Knoebel
Ort – Blau Gelb Rot Rot, 2008
Acryl, Aluminium
302 x 300,5 x 150 cm
© Imi Knoebel/2009, ProLitteris, Zürich

CHROMA CHOICE

Warum verwenden die Bouroullec-Brüder gerne Grüntöne? Wie schaffen die Architekten Matthias Sauerbruch und Louisa Hutton die feinen Nuancen ihrer Fassaden? Was inspiriert die brasilianischen Brüder Fernando und Humberto Campana zu ihren spektakulären Oberflächen? Was bedeuten kitschige Glanzeffekte für den Künstler Anselm Reyle? Und wie kommt Konstantin Grcic zu seinem Farbspektrum? Diesen Fragen geht das Kapitel CHOICE nach: In fünf eigens für CHROMA geführten Interviews äußern sich Designer, Künstler und Architekten zu ihren Farbkonzepten, darüber hinaus gehen renommierte Journalisten in drei Essays den künstlerischen beziehungsweise gestalterischen Ansätzen und Beweggründen von Gerhard Richter, UNStudio und Rupprecht Geiger nach.

Schnell wird deutlich, wie prägend Kindheitserlebnisse und frühe Interessen für das Farbempfinden sind. Insbesondere der Maler Anselm Reyle, der schon als Kind von abstrakter Malerei fasziniert war, aber auch die Gestalter Konstantin Grcic oder Louisa Hutton machen deutlich, welche Bedeutung biografische Motive für ihr heutiges Farbempfinden haben. Während Grcic, der für sich einen plakativen Umgang mit Farbe reklamiert, die Lego-Farbwelt und das Grau seiner Heimatstadt Wuppertal als stilbildend für seine Arbeit empfindet, gingen für Reyle und Hutton entscheidende Impulse von Künstlern wie Blinky Palermo beziehungsweise den holländischen Malern des 16. Jahrhunderts aus. Es sind diese persönlichen Einschätzungen, die deutlich machen, aus welch unterschiedlichen Welten die Künstler und Gestalter stammen, wenn es um Farbe geht.

Fernando & Humberto Campana
„Das Material gibt die Farbe vor"

Die brasilianischen Designer Fernando und Humberto Campana experimentieren mit den unterschiedlichsten Materialien, etwa mit Recycling-Resten, Plüschtieren, Seilen oder Lederfetzen. Entsprechend unterschiedlich und bunt fallen die Farben ihrer Entwürfe aus – auch wenn Fernando Campana im Interview sagt, dass die beiden Brüder besonders gern natürliche Farben verwenden.

Gibt es Farben, die Sie seit Ihrer Kindheit begleiten?

Ich mochte schon immer unsere Landesfarben, das Grün und das Gelb der brasilianischen Flagge. Die galten lange als schlechter Geschmack, alle trugen T-Shirts mit der amerikanischen oder britischen Flagge, aber ich liebe sie. Wir sind auf dem Land aufgewachsen, und Grün als Farbe der Natur hat unser Leben sehr beeinflusst.

Welche Bedeutung haben die Farben der Natur für Ihr Farbempfinden?

Wir leben hier in einer tropischen Zone. Im Sommer macht das Sonnenlicht die Farben viel heller als an jedem anderen Ort der Welt. Wir haben beispielsweise eine ganz andere Himmelsfarbe, nicht diese Grautöne, die es sonst überall gibt. Würden wir sechs Monate lang in einer Hütte in Norwegen leben, müssten wir unsere Farben vermutlich neu erfinden. Hier in Brasilien ist auch die Landschaft ganz anders, nicht einfarbig, sondern voller bunter tropischer Blumen. Im Sommer nimmt man hier kaum Zwischentöne wahr, so intensiv sind die Farben der Blumen, Bäume und Früchte.

Bestimmen diese Eindrücke auch Ihre Farbauswahl?

Ja, die Naturfarben finden sich auch in unserer Arbeit wieder. Eigentlich ist es immer das Material, das die Farbe vorgibt. Und auch die Entscheidung für eine bestimmte Farbe hängt immer mit den Materialien und Oberflächen zusammen. Wir verwenden gerne natürliche Materialien, etwa Bambus. Dieses helle Beige ist eine unverfälschte Farbe. Am liebsten ist es uns, wenn das Material schon eine bestimmte Farbe hat, mit der wir arbeiten können. Natürliches Latex beispielsweise gibt es nur in zwei, drei Farben. Besonders schön ist es, wie es an der Sonne trocknet. Ebenso wie Leder, das es in sehr schönen, kräftigen Farben gibt.

Sie setzen aber auch sehr viele künstlich wirkende Materialien ein, mit glänzenden, glitzernden Oberflächen.

Solche Materialien sind eine echte Herausforderung, denn sie sind sehr dominant. Dennoch: Wir versuchen, uns davon am Anfang des Designprozesses völlig frei zu machen und solche Materialien zu transformieren. Mit den technischen Aspekten beschäftigen wir uns erst hinterher.

Ist die Farbe in Ihren Entwürfen ein Ausdruck von Lebensfreude?

In gewisser Weise ja. Neulich haben wir auf der Straße ein Foto von einem Mann aufgenommen, der einen Stapel aufblasbarer Planschbecken und Schwimmreifen trug, wir nannten ihn den „aufblasbaren Mann". Er sah toll aus. Sehr originell! Man fragt sich natürlich, ob so ein Straßenverkäufer überhaupt glücklich sein kann, mit diesem riesigen

1

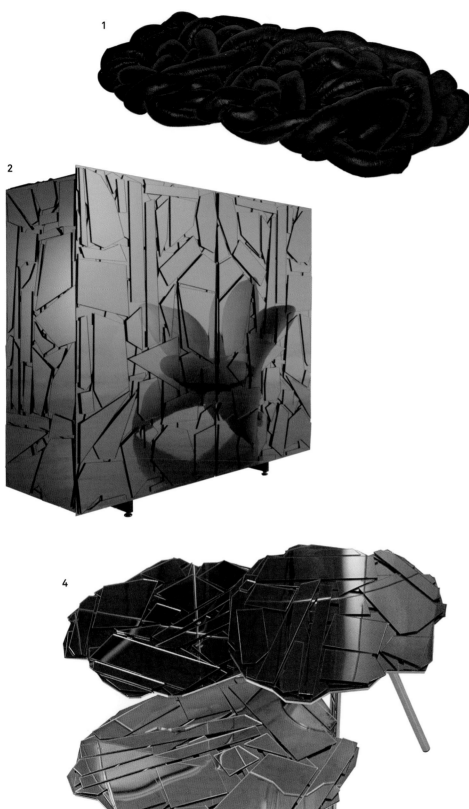

2

3

4

5

6 Cipria, 2009
Sofa
Hersteller: edra

7 Miraggio, 2009
Wandspiegel
Hersteller: edra

8 Zig Zag screen, 2001
Paravent
Hersteller: edra

9 Jenette, 2005
Stuhl
Hersteller: edra

10 Leatherworks, 2009
Sessel
Hersteller: edra

Weitere Abbildungen:
S. 123

und bunten Kopfputz. Farbe kann humorvoll und sarkastisch sein, aber das bedeutet nicht, dass sie nicht auch eine ernsthafte Angelegenheit ist.

Sollte Design generell bunter sein?
Nein, das denke ich nicht. Es kommt darauf an, wie man damit umgeht, welche Materialien man einsetzt. Natürliche Materialien und Farbtöne können ebenso schön sein wie intensive, synthetische oder auch glänzende Farben. Farben lassen sich ganz unterschiedlich interpretieren. Jeder Käufer pickt sich im Geschäft die Farbe heraus, die er besonders mag.

Welche Rolle spielen die Hersteller bei der Farbentscheidung?
Um ehrlich zu sein: Für unsere neue Kollektion „Shining" für edra haben wir nur eine einzige Farbe vorgeschlagen, das Unternehmen hat dann das Farbkonzept entwickelt und die Farben ausgewählt. Spiegelnde Materialien und Grün, sehr lustig.

Sie entscheiden gar nicht selbst über die Farben Ihrer Entwürfe?
Wir zeigen nur eine Option. Meistens ist die Farbe, in der wir den Entwurf präsentieren,

einfach die Farbe des Materials, aus dem wir einen Prototyp gebaut haben, eine Materialprobe. Insofern ist auch der Zufall im Spiel. Der Hersteller bietet uns dann verschiedene Farbpaletten an, und wir entscheiden gemeinsam, spielen kreativ mit Vorlieben und Abneigungen. Es geht um die Harmonie eines Entwurfs, um Abstufungen, die Textur. Die Materialien bieten eine gewisse Bandbreite an Farben, und wir versuchen diejenigen herauszugreifen, mit denen man langfristig glücklich sein kann.

Sind Sie dann manchmal überrascht über die Farben, in denen Sie Ihre eigenen Entwürfe auf der Messe oder beim Kunden sehen?
Manchmal gibt es Sonderanfertigungen, die uns überraschen: Entwürfe, die etwa in Naturmaterialien gedacht waren und dann für den Showroom in Schwarz gefertigt werden. Aber das ist in Ordnung, der Kunde bekommt im Laden, was er will. Manchmal allerdings rufe ich die Leute auch an und sage ihnen: Gebt mir das Teil zurück, ich mache euch ein anderes.

Interview: Markus Frenzl

Sauerbruch Hutton
„Farbe ist für uns ein Werkzeug"

Louisa Hutton und Matthias Sauerbruch haben mit ihren fein austarierten Farbkonzepten eine eigene Architektursprache entwickelt. Sie setzen Farben nicht allein als monochrome Flächen ein, sondern immer in Kombination mit anderen Farbtönen. Das Schwierige daran, so Louisa Hutton, sei es, Farben und Materialien zu einer Einheit zu verbinden.

Wie kam es, dass Farbe so entscheidend für Ihre Arbeit wurde?

Wir waren beide schon früh stark von Malerei geprägt. Matthias' Vater war Maler, sein Atelier war im Haus, und ich habe mich schon mit 14 intensiv mit der frühen holländischen Malerei des 16. Jahrhunderts beschäftigt. In unserer gemeinsamen Arbeit hat sich Farbe dann zu einem Schwerpunkt entwickelt: Mit unserem Londoner Büro nahmen wir Ende der achtziger Jahre an vielen Wettbewerben teil, Aufträge bekamen wir zunächst aber vor allem für Ausbauten und Renovierungen. Die Londoner Stadthäuser sind oft sehr beengt, und wir fanden heraus, dass Farbe hier viel bewirken und Räume optisch erweitern kann.

Wie setzen Sie Farbe heute ein?

Farbe ist für uns ein zusätzliches Entwurfswerkzeug – genauso wie Form und Licht. Mit der ersten Idee nähern wir uns auch einer Farbe oder Farbgruppe an. Das machen wir normalerweise mit Hilfe des NCS-Systems, das fast 2000 Farben enthält. Die größte Herausforderung ist immer, die gewünschte Farbe auf das entsprechende Material zu übertragen. Dazu sammeln wir Farbmuster, Produkte oder andere Referenzen, die uns dabei helfen, den ausführenden Firmen oder Herstellern unser Konzept zu vermitteln. Wir sind darauf angewiesen, dass sie die Idee unseres Farbkonzepts verstehen, um es beispielsweise auf Glas oder Keramik übertragen zu können.

Welchen Zusammenhang sehen Sie zwischen Farbe und Material?

Wir versuchen, eine tief gehende materielle Qualität der Farbe zu finden und farbige Flächen mit den Oberflächeneigenschaften der Materialien zu verknüpfen. Beim Museum Brandhorst in München kann man die Oberflächenstruktur der Keramikstäbe zum Beispiel nur aus der Nähe erkennen. Aus größerer Entfernung verbinden sich die einzelnen Stäbe zu größeren Flächen in neutralen Farben, fast entsteht ein großes abstraktes Gemälde mit drei unterschiedlichen Farbzonen. Aus der Kombination von Materialität, Farbigkeit und Farbkomposition ergibt sich eine ganz neue, oszillierende Gebäudeoberfläche.

Wie viele unterschiedliche Töne sind das?

Eigentlich nur 23. Wir haben sie in drei Gruppen geordnet, deren Helligkeit man auf der Grauskala als hell, mittel und dunkel beschreiben kann und die wir „Bad Bruise", „Deep Peach" und „Rubens' Flesh" genannt haben. Nicht nur am Museum Brandhorst kann man sehen, dass wir eine Vorliebe für Rottöne haben. Bis die endgültigen Farben feststanden, haben wir die Farbfamilien allerdings mindestens zehnmal schrittweise abgeändert. Die Auswahl blieb bis zum Ende ein dynamischer Prozess, denn keine einzelne Farbe kann vor

1

2

3

4

6

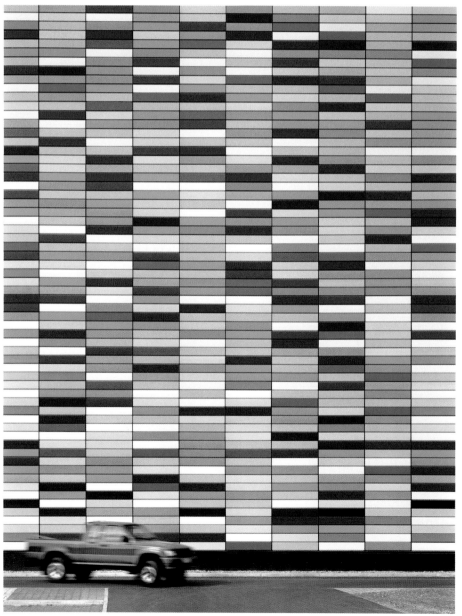

5

4, 5 Photonik-Zentrum, Berlin, 1998 Vielzweckbau für Büros, Labore, Werk- und Produktionsstätten

6 Hochregallager Sedus Stoll, Dogern, Deutschland, 2003 Fassadenumgestaltung

Weitere Abbildungen: S. 254–255, 260

der anderen freigegeben werden, weil jede Farbe wiederum die anderen beeinflusst.

Entwickeln Sie die Farbpaletten intuitiv oder nach Studien, Untersuchungen, Analysen?

Intuitiv. Aber wir gehen dabei auch sehr systematisch vor, probieren immer wieder verschiedene Farbkombinationen aus, bevor wir uns letztlich entscheiden. Wir simulieren die Farbpalette an Modellen und mit Zeichnungen und versuchen, unsere Wahrnehmung von den Emotionen zu lösen. Am besten testet man die Farben vor Ort, an einer Musterfassade im Maßstab 1:1.

Manche Ihrer Architektenkollegen halten farbige Gebäude noch immer für modisch, für ein kurzlebiges Phänomen. Was entgegnen Sie denen?

Die alte Vorstellung von einer zeitlosen Architektur hat etwas sehr Arrogantes. Jedes Gebäude ist ein Ausdruck seiner Zeit und hat – ebenso wie Menschen – ganz eigene Charakterzüge wie Eleganz oder Anmut. Diese Wesenszüge überdauern alle Moden. Ich glaube, für viele Architekten ist Farbe etwas, über das man erst hinterher nachdenkt, etwas Zusätzliches, das nicht zum eigentlichen Architekturkonzept gehört – und viele Bauherren sind ganz ähnlicher Ansicht.

In der Moderne galt Farbe lange als stiefmütterlich behandeltes Thema. Befreien Sie mit Ihren Farbkonzepten die Architektur von einem alten Dogma?

Nein, denn obwohl wir bestimmte Aspekte des Erbes der Modernisten kritisch bewerten, knüpfen wir mit unserer Arbeit generell daran an. Für uns gehört dazu die Möglichkeit, Farbe als Ressource zur Schaffung von Raum zu nutzen. Wir glauben, dass sich das Credo der Modernisten von der „Wahrheit des Materials" mit dem erweiterten Blickwinkel auf das Potenzial von Farbe verbinden lässt.

Glauben Sie, dass die Auseinandersetzung mit Farbe im Architekturstudium zu kurz kommt?

Farbe sollte selbstverständlicher Teil der Praxis sein und nicht als wissenschaftliches oder theoretisches Thema behandelt werden. Wir halten beispielsweise Farbtheorien wie die von Johannes Itten nicht für besonders inspirierend. Man sollte Architekturstudenten eher dazu ermutigen, mit Farbe genauso zu experimentieren und sie zu erforschen, wie sie Modelle bauen oder Skizzen anfertigen. Farbe ist kein pseudo-künstlerisches Betätigungsfeld innerhalb der Architektur, sondern eine Erweiterung der praktischen Erfahrung.

Interview: Markus Frenzl

Rupprecht Geiger
„Rot macht high"

1 Weiß (synchron)
zu Gelb-Orange, 2002
Acryl, Leinwand
125 x 130 cm
(WV 914)
Archiv Geiger
© 2009, ProLitteris, Zürich

2 Wandplastik, 1971
Eingangsbereich Amtsge-
richt Warendorf/Westfalen,
Deutschland
Acryl, Aluminium
220 x 265 x 70 cm
© 2009, ProLitteris, Zürich

3 Ohne Titel, 1999
Serigrafie mit Originalpigmen-
ten/BFK, Rives, 300 Gramm
84 x 66 cm
40 + XII num., sig. Ex.
(WVG 199)
© 2009, ProLitteris, Zürich

Es hat schon viele Versuche gegeben, die Wirkung der Bilder von Rupprecht Geiger zu beschreiben. Sie seien gleichsam wie „sichtbar gewordene Radioaktivität", hat einmal jemand geschrieben. Oft ist von „Kraftfeldern" die Rede, von „Meditationsobjekten" und einer „kosmischen Energie", die von ihnen ausgehe. Man versinke in einen unbestimmten, unendlichen Raum, sagen andere. Offensichtlich ist Geigers Farbmalerei begrifflich schwer zu fassen. Eine schöne Analogie verwendete der Journalist Thomas Wagner, der die Erfahrung des Betrachters vor diesen Bildern mit dem Blick in die Sonne verglich: Wer mit geschlossenen Augen direkt in die hochstehende Sonne schaut, also in die sonst nicht auszuhaltende blendende Helle, der wird gänzlich von Licht und Wärme durchdrungen und von einer unmittelbaren und intensiven Farbempfindung überflutet. Es ist, ähnlich wie bei Nachbildern, eine Art Erinnerungsbild, das man hinter den geschlossenen Lidern wahrnimmt, ein reines Farbensehen. Tatsächlich geht es Geiger um das Sehen als geistige Erfahrung. „Um Farbe wirklich zu sehen, muss man die Augen schließen und an sie denken", schrieb er im Buch „Farbe ist Element". Doch wie kann es gelingen, dass der Betrachter seiner Bilder mit geöffneten Augen Farbe als autonome, absolute Farbe wahrnimmt? Immer wieder, mit jedem Bild aufs Neue, versucht Geiger, reine Farbe erscheinen zu lassen, die Farbe von der Form zu emanzipieren und aus allen Zusammenhängen zu lösen, und das seit mehr als sechs Jahrzehnten. Es gibt wohl keinen anderen Künstler, der sich so intensiv und so lange mit Farbe beschäftigt hat: „Mein Thema war von Anfang an die Farbe und nur die Farbe."

Seine Malerei solle wirken wie ein Paukenschlag, wie ein Schock, sagt Geiger. Um die Energie der Farben zu steigern, experimentierte er schon in den fünfziger Jahren mit Tagesleuchtfarben und verschiedenen Techniken, die Farbe aufzutragen. 1952 war er einer der ersten Künstler überhaupt, der die neu entwickelten Tagesleuchtfarben einsetzte. Diese speziellen fluoreszierenden Farben leuchten bei Tageslicht deutlich stärker als gewöhnliche Farben. Sie geben mehr sichtbares Licht ab, als von außen einfällt, weil sie die für das menschliche Auge unsichtbaren Anteile des Tageslichts in längerwelliges Licht umwandeln. Eine aus der Werbung bekannte Signalwirkung, die Geiger ab 1965 noch verstärkte, als er dazu überging, die Acrylfarbe mit einer druckluftbetriebenen Spritzpistole fein aufzusprühen. So ergaben sich homogene, pudrig-matte Oberflächen, auf denen die Pigmentkörner frei zu liegen scheinen, als wären sie aufgestreut. Die Farbe scheint auf ihrem Träger zu schweben, sie flimmert, sie vibriert. Farbiges Licht strahlt ab und füllt den Raum zwischen Bild und Betrachter. Es ist, als würde sich die Farbe von der Materie lösen. Geiger geht zwar nicht so weit wie James Turrell, der tatsächlich ganze Räume mit immateriellem Farblicht flutet, aber auch er entwickelt Konzepte für monochrome Farbräume. „Eine geschlossene Raumkapsel, die innen leuchtrot angemalt und angestrahlt wird", ist eine seiner Visionen. 1975 baute er für eine Ausstellung in Essen einen begehbaren Zylinder mit einem Durchmesser von drei Metern, innen mit Leuchtrot besprüht und indirekt beleuchtet. Hier soll man eintauchen können in die Farbe, sie aufsaugen und dabei Energie tanken. Anfangs gab es noch viel Blau in Geigers

1

3

2

4

5

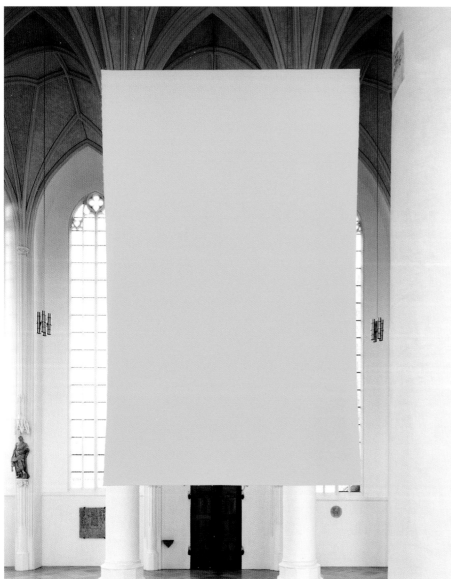

6

4 Neues Rot für Gorbatschow,
1989
Rauminstallation Städtische
Galerie im Lenbachhaus,
München
(bestehend aus den Arbeiten
WV 793 und WV 794)
Acryl, Leinwand, Putz
355 x 465 x 515 cm
© 2009, ProLitteris, Zürich

5 Morgen Rot Abend Rot, 2000
Spitalkirche Heiliggeist,
Landshut, Deutschland
Teilansicht
Acryl, Leinwand
800 x 500 cm,
Privatsammlung
© 2009, ProLitteris, Zürich

6 Berliner Rot II, 2005
Serigrafie mit Originalpigmen-
ten/BKF Rives, 300 Gramm
Büttenrand
75 x 81 cm, 97 num., sig. Ex.
(WVG 224)
Walter Storms Galerie,
München
© 2009, ProLitteris, Zürich

Weitere Abbildungen:
S. 28, 86, 120

Bildern, später dominierten dann die Gelb-
töne, ab den siebziger Jahren Rot in allen
Abtönungen: Karmasin, Pink, Magenta, Zinnoberrot, Kadmiumrot, Orange, Purpur,
Rotviolett. „Rot ist die Farbe, Rot ist schön",
sagt Geiger. „Rot ist Leben, Energie, Potenz,
Macht, Liebe, Wärme, Kraft. Rot macht
high." Dazu hat Rot die beste Signalwirkung,
seine Leuchtkraft ist stärker als die der anderen Farben, obwohl es hellere Farben gibt.
Geiger konfrontiert kalte mit warmen Rot-
tönen in seinen Bildern, hellere und dunklere,
dichte und durchscheinende Schichten, um
die Farbwirkung zu steigern, sie zu stimu-
lieren. Und er sprüht zart ansteigende Farbverläufe innerhalb einer Farbe, die seinen
Bildern Bewegung und eine ungewöhnliche
Tiefe verleihen. Man kann durchaus auch
eine landschaftliche Tiefe darin sehen, ohne
dass dafür Formen notwendig wären.

Ohnehin erweisen sich Geigers Bilder im Vergleich zu anderer Monochrom- und Farbfeldmalerei als relativ offen für Interpretationen. Auch wenn oft der anonyme Farbauftrag,
die künstlichen Tagesleuchtfarben und knal-
lig-künstliche Töne wie Pink die Gegenstands-
losigkeit betonen, lassen sie doch politische
Anspielungen und Verweise auf Naturerfah-
rungen von Abend- und Morgenrot zu. Etwa
auf die farbigen Erscheinungen der Atmosphäre, das farbige Licht über den Dingen, das
Geiger als Kriegsmaler in der Sowjetunion
und in Griechenland erlebte und das er als
„geistige Materie" auffasste. Selbst eine Anek-
dote, die er öfter erzählte, ist bezeichnend
für seinen Umgang mit Farbe: wie er kurz
nach dem Krieg im zerbombten München ein
„Ami-Mädchen in einem grellroten Pullover"
in einen Jeep einsteigen sah und ihn diese Farbe so tief berührte, dass er zu Hause den für

seine Frau gedachten Lippenstift aus dem amerikanischen Care-Paket nahm und mit dieser
synthetischen, hell leuchtenden Farbe zu malen begann. 1989 gab er einer Rauminstallation im Münchner Lenbachhaus sogar einen
politischen Titel: *Neues Rot für Gorbatschow*.
Ein querrechteckiges Format in fluoreszen-
tem Pink vor einer Wand in gedämpftem Rot
dient hier als Signal, als Zeichen für den neu-
en Geist der Perestroika. Geiger verwendet
nur wenige elementare Formen, die nicht von
der Farbe ablenken sollen oder, wie er sagt,
einer bestimmten Farbe angemessen sind: das
Quadrat und das quer gelagerte Rechteck, die
abgeflachte Kreisform und das Queroval, zum
Teil mit einer gesprühten Aureole – und auch
die verweisen etwa auf die Sonne mit ihrer ex-
pansiven Kraft.

Rupprecht Geiger, als Maler Autodidakt, ist
Zeit seines Lebens ein Einzelgänger innerhalb
der Kunstszene gewesen. Er bevorzugte den
anonymen Farbauftrag und die Monochromie,
als die subjektiven Gesten des Informel der
Stil der Zeit waren. Und er ist bis heute bei seiner Farbmalerei geblieben. Vielleicht taucht
er deshalb in vielen Überblickwerken der Kunstgeschichte gar nicht auf. Dabei sind seine grell
aufscheinenden Tagesleuchtfarben und seine
farbdurchfluteten Raumkonzepte heute für
eine neue Künstlergeneration wieder interes-
sant. Auch wenn es wohl keine direkten Bezugs-
punkte gibt, fallen die Tagesleuchtfarben in
aktuellen Arbeiten von Anselm Reyle und Peter
Halley auf. Und Olafur Eliassons *Weather
Project*, die Installation einer künstlichen Sonne in der Londoner Tate Modern, kann man
durchaus als einen ins Unermessliche gesteigerten Gedanken Geigers verstehen.

Text: Markus Zehentbauer

Konstantin Grcic
„Rot ist mir ein absolutes Rätsel"

Der Münchner Designer Konstantin Grcic versteht Farbe als Möglichkeit zur Codierung und Kennzeichnung. Seine Entwürfe tragen oft plakative Farben, wie man sie von Maschinen, Geräten oder Straßenschildern kennt – wenn sie nicht schwarz, grau oder weiß sind. Von knallroten Möbeln allerdings hält Grcic wenig.

Welche Farben haben Sie geprägt?
Da fallen mir aus meiner Kindheit nur die Legosteine mit ihren typischen Farben ein: Rot, Blau, Gelb und Grau. Das, was ich aus Lego gebaut habe, hatte eine entsprechende Farbigkeit. Ich weiß nicht, ob mich das geprägt hat, aber es ist eine wichtige Erinnerung.

Sie setzen in Ihren Entwürfen aber oft solche Farben ein.
Wenn ich Farben einsetze, sind das meistens starke Farben oder ganz monochrome Welten. Die Farben haben vielleicht tatsächlich mit der Einfachheit einer Lego-Farbpalette zu tun. Ich kann Farbnuancen nur intuitiv bestimmen. Mein Umgang mit Farbe ist nicht sehr feinsinnig, sondern eher plakativ und direkt.

Man könnte die Verwendung von Primärfarben – wie das Rot, Gelb, Blau am Bauhaus – auch als typisch deutsch bezeichnen. Ist es immer noch so, dass man in Bezug auf Farbe von dem Land beeinflusst wird, in dem man aufwächst?
Es gibt tatsächlich eine Prägung. Nicht ohne Grund wurden mattschwarze Braun-Geräte in Deutschland und die rote Olivetti-Schreibmaschine Valentine in Italien entworfen. Wer mit dem Licht und der Architektur eines mediterranen Landes aufwächst, hat ganz andere Farben vor Augen als jemand, der im Norden

oder in Deutschland aufwächst. Ich bin in Wuppertal aufgewachsen, eine eher graue Stadt. Und Grau zählt tatsächlich zu meinen Lieblingsfarben. Aber die Prägung in Sachen Farbe ist vermutlich komplexer und subtiler, als dass sie sich nur auf Länder und Kindheitserfahrungen zurückführen ließe. Es ist ebenso typisch, dass sich ein deutscher Künstler wie Rupprecht Geiger intensiv mit Leuchtfarben befasst und nach einer Leuchtkraft sucht, die es hier nicht gibt. Hinter meinem Schreibtisch hängen zwei Farbtafeln von ihm: in Phosphor-Rosa und Dunkelrot. Ich mag das Monochrome von Geiger, mit solchen Dingen umgebe ich mich gerne.

Haben Sie diese Leuchtfarben selbst schon in einem Entwurf eingesetzt?
Das würde ich gerne. Aber sie sind industriell nur bedingt einsetzbar, weil sie schlecht haltbar oder extrem teuer sind. In meiner Vorstellung sind die Dinge oft sehr farbig, diese Farbigkeit verschwindet jedoch im Prozess der Realisierung. Farbe ist für mich ein wichtiges Instrument im Entwurfsprozess. Genauso wie man einen Farbcodex anlegt, Dinge rot oder gelb markiert, kennzeichnen wir mit Hilfe der Farbe gestalterische Elemente wie etwa Lehne oder Stuhlbeine. Im frühen Entwurfsstadium erscheinen meine Entwürfe deshalb oft sehr bunt, dann nehme ich die Farbigkeit heraus und mache sie einheitlich, so als hätte man sie in einen Farbeimer getunkt. Das Mono-Material und die Mono-Farbe finde ich beim Endprodukt am schönsten.

Bei vielen Gestaltern ist es umgekehrt, sie entwickeln die Form ohne die Farbe, die erst zum Schluss dazukommt. Ist Ihr Umgang mit Farbe funktional?

6

7

8

10

9

Farbe hat für mich eher etwas Schematisches, sie hilft zu strukturieren und zu gliedern, wie in einem technischen Diagramm, bei dem Farbe die Dinge lesbar macht. Genauso nutze ich Farbe im frühen Entwurfsstadium. Sie hat zunächst noch keine ästhetische Bedeutung.

Beim Endprodukt spielen funktionale Aspekte der Farbe dann keine Rolle mehr?
Bei Möbeln ist das kaum relevant. Ich habe zwar immer noch den Traum, über die Farbe Varianten zu schaffen, die modular oder multifunktional sind. Mein recht rationaler Entwurfsprozess führt aber immer wieder dazu, dass ich die Idee der Multifunktionalität am Ende aufgebe. Auch die Zahl der Farbvarianten möchte ich dann am liebsten auf ein oder zwei reduzieren. Philippe Starck hatte einmal eine Phase, in der all seine Entwürfe schwarz oder golden waren, das imponierte mir. Wir sind für Muji in Japan tätig, ein Unternehmen, das überhaupt nicht mit Farbe arbeitet, dessen Farbpalette aus neun Grautönen besteht. Ich finde es sehr spannend, welche Farbigkeit selbst in einer solchen Grauskala steckt.

Könnte man Ihre Farbauswahl als Ästhetik der Maschinenfarben bezeichnen?
Ja, das trifft meinen Entwurfsprozess gut, der ja eher eine schematische Darstellung ist, wie etwas funktioniert. Auch für Maschinen verwendet man Farbe als Codierung. Farbe hat hier Glaubwürdigkeit und muss niemanden emotional vom Kauf überzeugen. Es gibt zwar ein Zusammenspiel von Form und Farbe, aber die Form ist eindeutig dominant.

Wäre es Ihnen am liebsten, es gäbe jeden Entwurf nur in einer bestimmten Farbe?
Ich habe in letzter Zeit oft mit Herstellern über die Illusion diskutiert, einen Entwurf in möglichst vielen Farben verkaufen zu können. Man kann die Dinge durch Farbe zwar verändern, aber damit macht man es sich zu leicht. Ein roter Stuhl sieht zwar anders aus als ein schwarzer, aber funktioniert die rote Farbe auch? Wenn es nach mir ginge, würde ich jede Form nur in einer einzigen Farbe anbieten.

Den Chair_One beispielsweise nur in Schwarz?
Der Chair_One war der Auslöser für diesen Gedanken: Anfangs haben wir ihn in Dunkelgrau, Rot und Weiß gemacht, erst danach in Schwarz. Die schwarze Version ist aber am stärksten. Am liebsten würde ich die anderen Versionen jetzt vom Markt nehmen. Auch den Hocker 360° für Magis hätte ich am liebsten nur in Schwarz, es gibt ihn aber auch in Orange, Olivgrün und Blau. Diese Farben sind ein gutes Beispiel für Maschinenästhetik. Sie kommen aus Funktionszusammenhängen, aus dem Militärischen oder dem Profi-Bereich.

Fänden Sie es problematisch, ältere Entwürfe mit neuen Farben an den veränderten Zeitgeschmack anzupassen?
Nein, das kann sogar spannend sein. Für mich ist Farbe eine Codierung, die ausgetauscht werden kann.

Verkaufen sich manche Entwürfe besonders gut in einer Farbe, die Sie nicht für perfekt halten?
Ja. Die Hersteller behaupten immer, sie brauchen ein Möbelstück zwingend in den Farben Schwarz, Weiß und Rot, so wie sie sich in allen Büromöbel-Katalogen finden. Genau in dieser Reihenfolge verkaufen sie sich auch am besten. Zusammen sind die drei Farben aber total hässlich. Und Rot ist eine sehr schwierige Farbe für Möbel. Für den Miura-Hocker haben wir zum Beispiel auch die Farben Currygelb oder ein fast bräunliches Oxydrot ausgewählt, die sehr gut zum Entwurf passen, die sich aber nicht verkaufen. Der Hersteller Plank lässt die Farben zum Glück trotzdem im Sortiment. Die Presse bildet sogar meistens diese Farben ab, im Laden kaufen die Leute den Hocker dann aber in Schwarz, Weiß oder einem leuchtenden Rot. So ein Rot als Möbelfarbe ist mir ein absolutes Rätsel. Ich wehre mich nicht dagegen, solange es auch die Farbe gibt, die mir wichtig ist. Ich habe Präferenzen, aber es gibt keine Farbe, die ich gar nicht mag.

Interview: Markus Frenzl

UNStudio
Das digitale Leuchten

Mit seinen spektakulären Bauten wie dem Möbius-Haus, dem Mercedes-Benz-Museum und der Erasmus-Brücke steht das UNStudio („United Net for Architecture, Urbanism and Infrastructure") für die Beschleunigung und Belebung der Architektur durch den Computer. Die beiden Gründer, Ben van Berkel und Caroline Bos, sind Digitalgestalter, die nicht mehr nur auf Freiformen setzen, sondern auf vernetzte Planungs- und Bauprozesse – und auf ein neues Verständnis von Farbe. Farbe ist für sie zugleich Auszeichnungselement und Orientierungsmarke, Statement und digitale Signatur.

Es sind Farben, die einer digitalen Palette zu entstammen scheinen, so als wären Oberflächen und Fassaden direkt aus dem Rechner importiert oder selbst fluktuierende Animationen. Irisierend tritt der 2004 eröffnete Galleria Department Store in Seoul auf: 4330 Glasscheiben und spezielle Folien lassen Lichtbrechungen über die Fassade wandern, den Perlmuttglanz bei Tage lösen nachts LED-Animationen ab. Wie das Facettenauge eines Insekts schillert die Schauseite dann, sie tanzt, ist im Begriff, sich aufzulösen. So ähnlich wie die pulsierende Medienfassade des Shoppingcenters Star Place in Kaohsiung (2008), die mit immer neuen Farbwellen die Betrachter dezent zu den Rolltreppen lenkt. Das Künstliche scheint das Eigentliche, nicht mehr die Oberflächenfarbe, sondern die immaterielle, mit Lichttechnik inszenierte Farbe.

Solider erscheint da das Agora Theater im niederländischen Lelystad (2007), dessen zwischen Rot, Ocker und Orange changierende Kanten mit den frei geformten Räumen im Inneren korrespondieren. Die Hülle ist als topografische Faltung angelegt, Farbgebung und Blechfassade formen ein Faltwerk, ein Stück Origami, das die Ästhetik von Tarnkappenbombern aufnimmt und in ein kulturelles Leuchtfeuer verwandelt. Mit seinem Herzstück, dem blutroten Zuschauersaal und der durch den Raum schwingenden violetten Treppenskulptur, codieren die Architekten des UNStudio einzelne Sektionen, als wären sie noch Teil eines CAD-Renderings, das sich zufällig ins Dreidimensionale gefaltet hat. Sie lassen Boden, Wand und Decke in eins fließen oder kreuzen Formen und Farben so lange, bis Hybride entstehen, Chimären des digitalen Zeitalters.

Die Niederländer brechen nicht nur mit der konventionellen Wahrnehmung von Materialien und Formen, sondern auch mit der von Farbe. Das zeigt sich eindrucksvoll an dem Bürokomplex La Defense in Almere (2004). Der gezackte, schlangenartig gewundene Baukörper hat eine spezielle Glasfassade, deren Farbpalette je nach Betrachterstandort von Gelb über Rot und Blau ins Violett wechselt und wieder zurück. Der Hof ist Kristallisationspunkt einer medialen Farbgestaltung, von genau abgezirkelten Farbspielen, hervorgerufen durch Spezialfolien, die zwischen den Glasflächen angebracht wurden.

„Organisation ist am wichtigsten", sagt van Berkel, Form hingegen nur die „letzte Stufe des Prozesses – die unbedeutendste". Ihm geht es nicht mehr um singuläre Dinge, er denkt in Serien. Einmal gefundene Lösungen können jederzeit eingeschmolzen und weiterentwickelt werden, und eine Lösung ist immer auch Teil

1

2

3

4

5

6

7

einer Entwicklungslinie. Van Berkel favorisiert die Idee gegenüber der Form, die Matrix gegenüber der Materie und den Fluss gegenüber dem finalen Produkt. Das kann man etwa beim 2008 fertiggestellten Research Laboratory der Universität von Groningen erleben, dessen Atrium einem Flammenwerfer gleicht. Am Sockel weißgelb, schwächt sich der Hitzestrahl nach oben, zur gläsernen Laterne hin, ab, wird orange, schließlich rot. Der Neubau zwischen Universitätsklinik und Medizin-Fakultät scheint mit seiner Helix-Treppe um zwei vertikale Lufträume gewickelt. Die Fassadenoberfläche bildet ein sich rautenförmig kreuzendes Netz aus Aluminium-Lamellen, deren Innenseiten in gelbgrünen Farbtönen gehalten sind. Ihr vertikaler Verlauf reicht von Gelb nach Grün, das sich auf den benachbarten Park bezieht.

Wer Grenzenlosigkeit suggeriert, betont andererseits Abrisse, Kanten und Segmente. Die einzelnen Segmente der sich skulptural windenden Sofalandschaft Circle scheinen wie von einem heißen Draht durchtrennt. Und

bei dem voluminösen Sessel MYchair, den das UNStudio ebenfalls für Walter Knoll entworfen hat, sind die Schnittflächen wiederum mit knalligen Farben akzentuiert: Kontrastierendes Gelbgrün und Anthrazit verbeißen sich förmlich ineinander, ebenso wie das ausladende Polster mit seinem wechselnden konkav-konvexen Formenspiel auf einem zerbrechlich wirkenden Fußgestell aus Metallrohr aufsitzt. Hier modelliert Farbe die Form. Das ist der große Unterschied des MYchair zur Architektur, die zwar intensive Leuchtdichte sucht, aber in changierenden Digitaltönen Flächen verwischt und Bauteile auflöst. Ihr Farbspektrum stammt aus dem Rechner selbst – absolut künstlich und beständig im Fluss. Das UNStudio markiert so ein Gegenbild zum traditionellen Umgang mit Materialien in der Architektur, die zunächst durch ihre Eigenfarbe wirken. Farben leuchten selbständig von innen heraus, Materialien fluktuieren, und Fassaden tanzen.

Text: Oliver Herwig

Gerhard Richter
Das Sehen proben

In den achtziger Jahren galt Gerhard Richter als „Chamäleon der deutschen Kunst". Das Heterogene seines Werks wurde als Abfolge von Stilbrüchen kritisiert oder als faszinierend radikal empfunden. Dass es darin eine durchgängige Haltung geben könnte, kam vielen Betrachtern gar nicht in den Sinn. Denn wie konnte es sein, dass da einer Amateurfotos mit starken Verwischungen abmalt, urbane Stadt- und romantische Seelandschaften so bildwürdig findet wie Fotos von *Acht Lernschwestern* (1966) aus einem Zeitungsbericht? In seriellen Farbfeldern buchstäblich Farbe „vorführt" und das einfach *1025 Farben* (1974) nennt? Oder graue Leinwände zeigt, Familienbilder, Blumenstillleben und abstrakte Malerei?

Die Einsicht, dass die vermeintliche Beliebigkeit tatsächlich gar nicht so beliebig ist, begann sich erst noch durchzusetzen. Heute ist längst klar: Richter macht gelenkte Indifferenz zur durchgängigen Bildmethode, ist Beobachter und Filter zeitgenössischer Bildkultur. Anfang 1960 waren das überwiegend schwarzweiße TV- und Zeitungsbilder sowie Familienfotos, später kam Farbfotografie hinzu, Sujets und fotografischer Blick wandelten sich. Richters weitreichende Bestandsaufnahme des zeitgenössisch Visuellen manifestiert sich insbesondere in dem seit 1962 geführten, enzyklopädischen Projekt *Atlas*. In der erstmals 1997 auf der Documenta X in Kassel ausgestellten Arbeit kombiniert Richter eigene Zeichnungen und Fotos mit fremden Aufnahmen und Zeitungsausschnitten. Über seine Verwendung von Presse- oder Amateurfotografie sagt er, solche Fotos hätten für ihn „keinen Stil, keine Komposition, kein Urteil,

es befreite mich vom persönlichen Erleben, es hatte erst mal gar nichts, war reines Bild".(1)

In seinen Farbtafeln verbindet sich die Haltung der Indifferenz mit einem reinen Schauen: 1966 entstehen erste Bilder dieser Art nach den von Anstreichern genutzten Lackmusterkarten. Richter reduziert das Bild auf die sachliche, bewusst ein wenig lapidar vorgetragene Präsenz der Farbe. Anders als bei an Fotos orientierter Malerei wird das Vorbild aber nicht motivisch, sondern materiell, durch direkte Verwendung genormter Farbtöne übertragen: So fallen Bild und Gegenstand in eins. Anfangs variiert er, etwa bei *Sechs Farben* oder *Achtzehn Farben* (beide 1966), die Abfolge der Vorlagen willkürlich, um dann ab 1971 den Einsatz der Farbe stärker zu objektivieren und aus der Referenz auf Musterkarten zu lösen. Er berechnet die Anzahl der Felder nun nach Mischungen der Primärfarben Rot, Gelb, Blau: Eine zweifache Mischung etwa ergäbe zwölf Töne (3 x 2 x 2), deren siebenfache Brechung nach Hell/Dunkel 168 weitere – zusammen also *180 Farben* (1971). In einer nächsten Werkphase entwickelt Richter das Verteilungsschema aus drei Primärfarben plus Grau (später Grün) in multiplikativen Viererschritten: So entstehen Tafeln mit je 4, 16, 64, 256 und 1024 Feldern, in denen er die Grundtöne gleichmäßig ausmischt und permutativ verteilt. Die Größe der einzelnen Felder gestaltet Richter nun in proportionaler Übereinstimmung mit dem Gesamtformat, um Farbe noch konzentrierter und auch sachlicher zu zeigen. In einer Werkgruppe von 1974 hat Richter den Umgang mit Farbfeldern nach formalem Verfahren, Proportion und Bildlogik wohl am konsequentesten verzahnt:

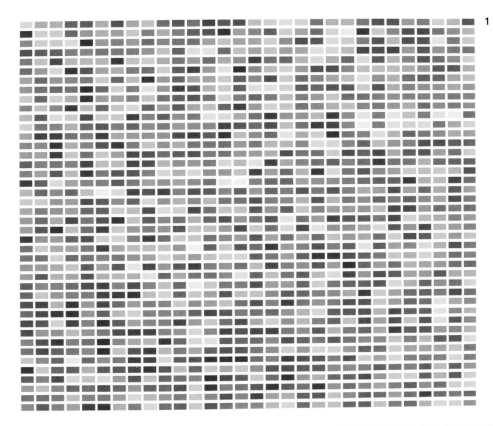

1

2

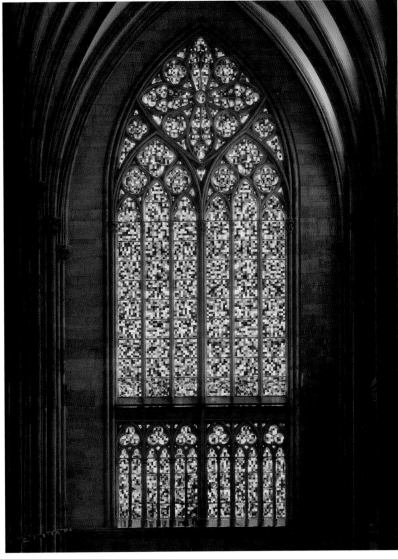

3

5

4

6

4 4096 Farben, 1974
Lack auf Leinwand
254 x 254 cm
(GR 359)
© Gerhard Richter

5 Grau, 1974
Öl auf Leinwand
200 x 150 cm
Kunstmuseum Bonn
(GR 366-3)
© Gerhard Richter

6 Achtzehn Farben, 1966/1992
Lack auf Alucobond
18 Tafeln, je 28 x 130 cm,
Gesamtmaß 240 x 450 cm
Sammlung Frieder Burda
(GR 140)
© Gerhard Richter

Weitere Abbildungen:
S. 200, 229, 249

Anmerkungen:
(1) Gerhard Richter, „Interview mit Rolf Schön", in: *36. Biennale von Venedig* [Kat.], 1972, S. 23–25.
(2) Ders., in: *Geplante Malerei* [Kat.], Palais des Beaux-Arts, Brüssel, 1974.
(3) Ders., in: *Fundamental Painting* [Kat.], Stedelijk Museum, Amsterdam, 1975.
(4) Ebda.
(5) Ebda.

Quadratische Felder fügen sich zu quadratischem Bildformat. Beginnend mit dem 20 mal 20 Zentimeter großen *4 Farben* (1974) – bestehend aus Primärfarben nebst Grün –, nimmt parallel zur Komplexität der Mischungen auch das Format progressiv zu bis hin zum 299 mal 299 Zentimeter umfassenden *1024 Farben* (1974). In der Reihung wird ein Sprung von Quantität in Qualität sichtbar: Mit wachsender Durchmischung und Ausbreitung gewinnt darin Farbe in potenziell unendlicher Teilbarkeit und Fülle Präsenz. Die additive Formalisierung der Mittel – Richters „Indifferenz"– schlägt um in gesteigerten Bildeindruck. Jene Sachlichkeit ist für Richter eben auch ein Mittel, um „Farbe in ihrem ganzen strahlenden Reichtum zur Entfaltung zu bringen".(2)

Von der Idee einer „objektiven" Wirksamkeit der Farbe führt eine Linie von Richters frühen Farbtafeln über Farbpermutationen wie etwa in *4096 Farben* (1974) zu dem *Südquerhausfenster* (2007) für den Kölner Dom. Richter gestaltete das 113 Quadratmeter große Fenster aus insgesamt 11 263 quadratischen Elementen von 9,6 Zentimetern Kantenlänge. Die Idee des Entwurfs geht auf *4096 Farben* zurück. Um größtmögliche Variabilität der Töne zu erreichen, legte Richter die Anordnung per Zufallsgenerator fest. Die Nachbearbeitung der Ergebnisse diente dazu, zufällig entstehende regelmäßige Bildmuster zu vermeiden. Anders als in seiner Malerei hat Richter die Durchmischung auf nur 72 Farbtöne beschränkt. Zum einen, weil die Elemente aus mundgeblasenem Echt-Antik-Glas angefertigt wurden, also schon aus technischen Gründen nicht beliebig oft zu mischen waren. Aber auch aus konzeptuellem Grund: Bei Lack auf Leinwand wird mit der Farbmischung auch die Anzahl der Töne fixiert. Bei einem Glasfenster aber übernimmt, mischungstechnisch gesprochen, das sich permanent verändernde Sonnenlicht die Rolle der Farbe Weiß – und überführt das

begrenzte Material in die unendliche Modulation. Der „strahlende Reichtum der Farbe", den Richter benennt, tritt dadurch unmittelbar in die Anschauung. Unpathetisch, dennoch feierlich.

Einen Gegenpol dazu bildet Richters monochrom graue Malerei. Richter erwähnt, er habe um 1968 Leinwände gelegentlich grau zugestrichen, wenn er mal „nicht wusste, was zu malen wäre".(3) So entwickelt sich die Einsicht, die Neutralität von Grau sei besonders geeignet, „,nichts' zu veranschaulichen".(4) Diese Bilder sind Extremfälle eines Nicht-Abbildens, das sich in der Malerei gerade noch als Bild empfinden lässt. Richter lotet Möglichkeiten malerischer Neutralität umfassend aus: Die Bilder weisen unterschiedliche, meist mittlere Graunuancen und teils gestische, teils mechanische Strukturierung auf. Oberflächen sind mal regulär, mal abrupt von Pinselspuren strukturiert, mal gleichmäßig gerollt, mit Schwämmen getupft oder glatt zugestrichen. Richter selbst bezeichnete Grau einmal als „die willkommene und einzig mögliche Entsprechung zu Indifferenz, Aussageverweigerung, Meinungslosigkeit, Gestaltlosigkeit".(5) Er bewegt sich mit dieser Werkgruppe in einem Grenzbereich: Unter Ausschluss von Farbigkeit unternimmt er es, das Nicht-Abbilden ins Bild zu setzen. Umso verblüffender die Vielzahl der Ergebnisse. Da gibt es beinah landschaftliche Graumalerei oder materialbetonte Bilder, aber auch große, gleichförmige Monochromien, die den Eindruck umfassender Neutralität aus dem weichen, kaum spürbaren visuellen Vibrieren eines Grautons erzeugen. Wie in Richters Arbeit insgesamt ist es auch im Extremfall solch indifferenter Bilder stets die Malerei, die zum Spezifikum einer Anschauung führt – und so das Werk zur sinnlichen Erfahrung macht.

Text: Jens Asthoff

Ronan & Erwan Bouroullec
„Farbe ist wie eine Haut"

Wenn es geht, versuchen die französischen Designer Ronan und Erwan Bouroullec Dinge zu entwerfen, die sich nicht zu sehr in den Vordergrund drängen. Gedämpfte, ins Grau abgestufte Töne bestimmen die Farbpaletten ihrer Möbel und Objekte. Und das, obwohl sich die Möbelkäufer üblicherweise eher für Schwarz, Weiß und Rot entscheiden als für Grün- und Brauntöne.

Welche Rolle spielt Farbe in Ihren Entwürfen?

Das hat sich mit der Zeit etwas geändert. In den ersten Jahren sind wir meistens von den natürlichen Farben der Materialien ausgegangen, ohne irgendetwas hinzuzufügen. Wir haben also zum Beispiel Holzmöbel unbehandelt gelassen. Auch Weiß war am Anfang sehr dominierend, weil es die „natürliche" Farbe vieler Kunststoffe wie Corian oder Polystyrol ist, aber etwa auch die Blanko-Farbe von Porzellan. Irgendwann haben wir dann damit begonnen, auch Abstufungen ausgewählter Farben wie Blau, Grün, Braun und Grau zu verwenden.

Heute tragen Ihre Entwürfe oft Farben, wie man sie aus der Natur kennt.

Es ist vielleicht die Idee der Farbenvielfalt und der Modulierung, die auf die Natur zurückgeht. In der Natur gibt es keine monochromen, reinen Farben, die Farben darin sind vielfältig und verändern sich ständig. Aber es stimmt: Wir verwenden Farben, die natürlich wirken, Abstufungen von Blau, Grün oder Braun. Selbst wenn es also nicht bewusst geschieht, haben wir vermutlich Naturfarben im Kopf, wenn wir am Farbfächer eine Auswahl treffen.

Gibt es andere Inspirationsquellen für Farben, einen Künstler oder eine bestimmte Ära?

Eigentlich nicht. Wir gehen an das Thema Farbe eher intuitiv als analytisch heran. Wir beziehen uns nicht auf die Farbkonzepte von anderen Künstlern, auch wenn wir uns natürlich dafür interessieren. Wie Donald Judd mit Farbe umgeht, berührt uns zum Beispiel sehr.

Mit welchen Farbsystemen arbeiten Sie?

Wir verwenden das NCS-System, mit dem umfangreichsten Farbfächer, den es gibt. Manchmal wählen wir auch aus speziellen Material-Fächern aus, beispielsweise bei Kunststoffen, je nachdem, welcher Stoff eingesetzt werden soll.

Haben Sie ein Farbkonzept, das Sie für all Ihre Entwürfe verwenden?

Nein, das hängt immer vom jeweiligen Projekt ab. Vielleicht kann man im Zusammenhang mit manchen Farben von Tonleitern sprechen. Wir verwenden selten intensive Farben, stattdessen versuchen wir, uns subtil bestimmten Farbtönen anzunähern und knallige Farben zu vermeiden. Es sind dann eher farbige Grautöne, die wir verwenden.

An welcher Stelle im Designprozess kommt bei Ihnen die Farbe ins Spiel?

Ganz zum Schluss. Immer. Vorher würde die Farbe nur vom Kerngedanken eines Projekts ablenken, von seiner Form, Funktion oder Technologie.

Entscheiden Sie selbst über die Farben, in denen Ihre Entwürfe hergestellt werden?

1

2

3

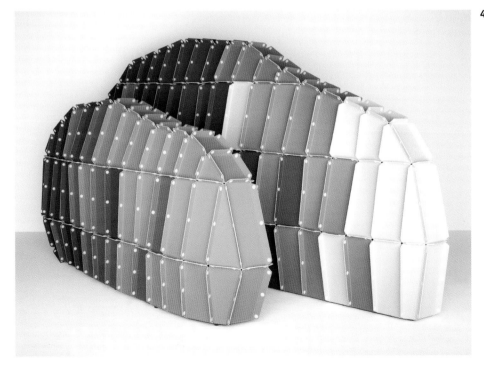

4

5

6

7

8

Wir treffen natürlich unsere Entscheidung. Manchmal diskutieren wir auch mit den Unternehmen darüber. Als es um die Farbauswahl für den Vegetal Chair ging, haben wir darüber mit Hella Jongerius gesprochen, die ein neues Farbkonzept für Vitra entwickelt hat. Aber das war alles ganz zwanglos. Beim Thema Farbe gibt es kaum rationale Argumente, es geht mehr um den Austausch von Empfindungen.

Gibt es Farben, die sie keinesfalls verwenden würden?
Es gibt keine Farbe, die uns Angst macht, aber ein paar Farben, die wir nie einsetzen. Nicht, weil wir sie für falsch halten, sondern weil sie einfach nicht zu unseren Projekten passen oder zu der Atmosphäre, die wir erzielen wollen. Pink und Gelb sind tolle Farben, aber sie haben bisher zu keinem unserer Projekte gepasst.

Wollen Sie mit dem Einsatz von Farbe auch bestimmte funktionale Aspekte vermitteln?
Es geht nicht direkt um Funktionalität. Wenn man es aber als Hauptfunktion eines Sofas betrachtet, bequem zu sein und auch so auszusehen, dann spielt die Farbe dabei eine wichtige Rolle. Für solche einladenden Möbel bevorzugen wir gedämpfte Farben. Irgendwie erzeugen Farben Pheromone und vermitteln Gefühle. Manche Farben stehen für Komfort, Weichheit, Ruhe und Harmonie. Und weil wir Objekte schaffen wollen, die sich nicht zu sehr in den Vordergrund drängen

und ihren Anforderungen gerecht werden, kann dafür eine subtile Farbauswahl entscheidend sein. Dieser Gedanke war auch Ausgangspunkt für das Stecksystem Clouds, das wir für Kvadrat entworfen haben: Die Elemente, die aus ihnen zusammengesetzt werden, sollten sich so leicht in das Wohnumfeld integrieren lassen wie beispielsweise ein Pflanzengebilde. Die verschiedenen Farbnuancen geben ihnen mehr Tiefe, gerade dann, wenn diese Farbnuancen nicht ganz perfekt aufeinander abgestimmt sind.

Gibt es Farbvorlieben der Kunden, die Sie überrascht haben? Verkaufen sich manche Farben besonders gut?
Natürlich verkaufen sich manche Farben besser als andere, aber wir versuchen, uns davon nicht allzu sehr beeinflussen zu lassen. Und wir verwenden weiterhin Grüntöne, obwohl sie nicht so gut verkauft werden – weil wir zutiefst davon überzeugt sind, dass es ehrliche Farben sind, die gut zu unseren Projekten passen.

Kann man einen älteren Entwurf durch zeitgemäße Farben wieder in die Gegenwart holen? Oder sollte auch die Farbe eines Produkts dauerhaft für die Zeit stehen, in der es entworfen wurde?
Projekte müssen sich immer weiterentwickeln. Es ist kein Problem, dass sie erneuert werden, indem man ihre Farbe anpasst. Farbe ist wie eine Haut.

Interview: Markus Frenzl

Anselm Reyle
„Ich will erst mal eine Dissonanz"

Anselm Reyle lässt Materialien und Farben aufeinander los, die in der Kunst eigentlich verpönt sind: Für seine Bilder und Skulpturen verwendet er glitzernden Autolack, billige Glanzfolie und Neonfarben. Er geht damit an die ästhetische Schmerzgrenze, was nicht nur Provokation ist, sondern auch eine sinnliche Lektion über unsere kulturellen Tabus und ihren großen Reiz.

Haben Sie Vorbilder aus der Moderne, was Ihren Umgang mit Farbe betrifft?
Als Erstes würde ich Cézanne nennen. Bei ihm interessiert mich die Aufteilung in voneinander abgegrenzte Farbflächen. Später ist das in abgeänderter Form auch bei Otto Freundlich zu sehen. Meine Eltern hatten mich schon früh mit ins Museum genommen. Ein Bild von Freundlich leuchtete mir damals auf 20 Meter Entfernung entgegen und löste etwas Emotionales in mir aus. Es ist ja eher selten, dass abstrakte Kunst Kinder anspricht. Ähnlich ging es mir bei einem Bild von Blinky Palermo, obwohl ich es intellektuell noch nicht verstehen konnte. In meiner Arbeit geht es zum Teil auch um eine sehr direkte Wirkung von Farbe. Ohne dass besonderes Wissen notwendig ist, soll das Bild etwas vermitteln.

Wie planen Sie Ihre Bilder?
Ich habe ein Regal mit Farb- und Materialproben, mit denen ich verschiedene Wirkungen untersuche. Jemand kam auf die Idee, ich solle die Farben nicht erst auf Leinwand ausprobieren, sondern schon vorher, damit nicht so viel im Mülleimer landet. So habe ich angefangen, Kartonstreifen farbig anzumalen, sie gegeneinander zu legen und die Farbzusammenstellungen auszuprobieren. Ich habe also angefangen, die Bilder zu planen und anzulegen und später teilweise ausführen zu lassen.

Sie beschäftigen inzwischen bis zu 30 Mitarbeiter in Ihrem Atelier. Wie hat sich das auf die Qualität und Quantität Ihrer Bilder ausgewirkt?
Das war ein wichtiger Schritt für meine Arbeit, die dadurch noch konzeptueller wurde. Weil meine Bilder im Vergleich zu denen anderer Künstler relativ schnell entstehen, fällt es mir nicht so schwer, ein Bild, von dem ich nicht überzeugt bin, wieder zu verwerfen. Bei gestischen Bildern sind es sogar bis zu 90 Prozent, die nichts werden. Durch das Arbeiten mit Assistenten, durch die Distanz zu meinen Werken, kann ich vielleicht ehrlicher und objektiver über die Qualität urteilen.

Auf welche Wirkung wollen Sie hinaus, nach welchen Kriterien stellen Sie Farben zusammen?
Meistens schaue ich zuerst, welche Farben auf keinen Fall zueinanderpassen. Ich nehme zum Beispiel ein Orange und setze daneben ein Neonorange. So wirkt das Orange fast bräunlich und hat eigentlich keine Chance mehr. Auch das Material spielt dabei eine Rolle. Ein Violett, das lasierend auf eine spiegelnde Oberfläche aufgetragen ist und dadurch einen Chromglanz erhält, wirkt völlig anders als etwa matte Dispersionsfarbe im identischen Farbton. So kommt man zu einer ganz unterschiedlichen Wirkung und somit auch Aussage.

Geht es also eher um Reibung als um Harmonie?
Zur Harmonie komme ich meistens automatisch. Ich will erst mal eine Dissonanz erzeugen. Früher, als ich die Farbzusammenstellung noch direkt auf dem Bildträger entschieden habe, war das impulsiver – obwohl ich dem kreativen und künstlerischen „das Innerste nach außen kehren" noch nie so ganz getraut habe. Schon deshalb habe ich immer gerne

1

2

3

4

5

6

7

4 Ohne Titel, 2006
Mischtechnik auf Leinwand,
Acrylglas
234 x 199 x 20 cm
Privatsammlung
© 2009, ProLitteris, Zürich
Courtesy Gavin Brown's
enterprise

5 Ohne Titel, 2009
Acryl auf Leinwand,
Edelstahlrahmen
135 x 114 cm
© 2009, ProLitteris, Zürich
Courtesy Almine Rech Gallery
Brüssel/Paris

6 Harmony, 2008
Bronze, Effektlack, Sockel mit
Makassaholzfurnier
90 x 90 x 40 cm
© 2009, ProLitteris, Zürich
Courtesy Almine Rech Gallery
Brüssel/Paris

7 Ohne Titel, 2006
Acryl auf Leinwand
285 x 625 cm
Privatsammlung
© 2009, ProLitteris, Zürich
Courtesy Almine Rech Gallery
Brüssel/Paris

Weitere Abbildungen:
S. 88, 151, 199, 270

Farben verwendet, die mir eher fernlagen. Zum Beispiel Flieder, eine Farbe die ich früher furchtbar fand. Mittlerweile ist sie meine Lieblingsfarbe.

Warum verwenden Sie Neonfarben?

Aus eigener Erfahrung weiß ich von der veränderten Wahrnehmung und den überdrehten Farben auf LSD. Die psychedelische Ästhetik der siebziger Jahre hat Auswirkungen auf meine Kunst. Neon kam auch in den achtziger Jahren im Punk vor, zum Beispiel auf Plattencovern, und wurde hier als aggressives „Dagegen" eingesetzt. Als ich an der Kunstakademie Neonfarbe verwendete, wurde mir gesagt: „Du musst das Leuchten mit anderen Mitteln erzeugen." Neon galt sozusagen als unfair. Solche Regeln zu brechen ist Teil meiner Arbeit geworden.

Was kann an zeitgenössischer gestischer Malerei heute noch interessant sein?

Was mich daran interessiert und fasziniert, ist die fragwürdige Behauptung der Bilder, ernst zu nehmende Kunst zu sein: drei Farbkleckse, einmal drübergewischt und fertig. Diese Fragwürdigkeit thematisiere ich, das ist die Basis meiner Arbeit geworden. Es ist mir wichtig, dass jede Arbeit immer gleichzeitig sagt, dass es nur drei blöde Kleckse sind oder eben nur blöde Streifen.

Sind Ihre Arbeiten ironische Kommentare über Kunst?

Ich würde es eher Distanz nennen. Es geht um mehr als Ironie, ich will eine Alternative anbieten zur reinen Negation. Das ist schwierig, ich kann zum Beispiel gar nicht sagen, was guter oder schlechter Geschmack ist. Ich bin mit einem Bewusstsein für „guten" Geschmack erzogen worden und habe festgestellt, dass mich meistens das mehr interessiert hat, was als „schlechter" Geschmack galt. Mit diesen Dingen habe ich mich dann lieber beschäftigt. Viele meiner Materialien gelten in ihrer Zusammenstellung eher als trashig. Es heißt dann sehr schnell, das sei „nur dekorativ" oder „Effekthascherei". Das sind Elemente, die in der sogenannten High Art eher verpönt sind. Ich arbeite ganz bewusst damit.

Trotzdem reizt Sie das kulturell Wertlose: Sie machen zum Beispiel Bronzeplastiken nach der Vorlage von Speckstein-Skulpturen und beschichten sie mit speziell glitzerndem Autolack.

Das ist ein gutes Beispiel für ästhetische und kulturelle Tabus, und es hat bestimmt auch mit Ironie zu tun. Diese Formen und die Oberflächen interessieren mich, weil ich weiß, dass sie in ihrem ursprünglichen Kontext vom Kunstpublikum als indiskutabel eingestuft werden. Zum einen ist da dieses afrikanische Kunsthandwerk, das in Afrika gar keine lange Tradition hat. Diese Art von Specksteinskulpturen gibt es erst seit 60 Jahren, als Exportartikel zum Beispiel für den Weihnachtsmarkt. In meiner Version kann diese Skulptur plötzlich im Museum stehen. Und selbst der Lack aus der Auto-Tuning-Branche wirkt auf einmal überraschend sinnvoll.

Welche Wirkung hat dieser Skarabäuslack genau?

Er hat ein großes Farbenspektrum und schimmert je nach Blickwinkel in verschiedenen Farben, etwa Grün oder Violett. Ihn in einem völlig anderen Bereich anzuwenden hat hier auch rein formal seinen Sinn. Der Effekt kommt auf diesen runden Skulpturen besser zur Geltung als zum Beispiel auf einem Golf GTI.

Kommt es vor, dass die Dynamik zwischen den Farben außer Kontrolle gerät?

Das sind ganz wichtige Momente, wenn Dinge unvorhergesehen passieren. Beim nächsten Mal kann man sie dann auch schon wieder gezielt einsetzen. Auf eines meiner ersten Streifenbilder ist mir versehentlich mal Farbe getropft. Das fand ich gut, weil es das strenge Dogma, das streng Formalistische gebrochen hat, an das ich sowieso nicht glaube. Außerdem kamen die Kleckse der Komposition zugute. Ich habe die Kleckse dann noch weiter ausgearbeitet – mit einem Rand wie von einem versehentlich abgestellten Farbeimer und einem herunterlaufenden Tropfen. Den Klecks habe ich dann auf meinen Streifenbildern immer wieder verwendet. Er ist zu einer Art Signatur geworden.

Interview: Silke Hohmann

Biografien und Kurzdarstellungen

A

David Adjaye

David Adjaye (*1966) ist einer der bekanntesten britischen Architekten der jüngeren Generation. Der Sohn ghanaischer Eltern ist in Kairo und Saudi-Arabien aufgewachsen und studierte später an der Londoner Middlesex und der Southbank University sowie am Royal College of Art. 1994 gründete er mit William Russel das Büro Adjaye and Russell, 2000 die Adjaye Associates. Seine wichtigsten Projekte wie das Bernie Grant Arts Centre in Tottenham sind in Großbritannien und den USA entstanden, außerdem arbeitet er mit Künstlern wie Chris Ofili und Olafur Eliasson zusammen. Mit dem Grafikdesigner Peter Saville als Berater entwarf Adjaye den Londoner Showroom des dänischen Textilherstellers Kvadrat: Die lang gezogene zentrale Treppe inszenierte er mit Wänden aus gefärbtem Glas, die einen regenbogenartigen Farbverlauf ergeben.
www.adjaye.com

ahrens grabenhorst architekten

Roger Ahrens (*1963) und Gesche Grabenhorst (*1962) haben ihr Architekturbüro 1995 in Berlin gegründet, inzwischen arbeiten sie von Hannover aus. Ahrens hatte zuvor an der Technischen Universität Braunschweig, der Eidgenössischen Technischen Hochschule Lausanne und der Technischen Universität Berlin studiert, Grabenhorst an der Technischen Universität München und der Hochschule für Bildende Künste Braunschweig; sie ist seit 2006 Professorin an der Fachhochschule Bielefeld. Zu den bekanntesten Projekten der beiden gehören der Umbau eines Kirchenbaus in das Gemeindezentrum der Liberalen Jüdischen Gemeinde Hannover (2009) und die Erweiterung des Kunstmuseums Celle (2006) – ein Kubus, dessen Glasfassade mit computergesteuerten LED-Lichtleisten hinterleuchtet wird. Nachts leuchten die 1272 Leuchtdioden normalerweise weiß, stündlich unterbrochen von kurzen Lichtschleifen mit stufenlosen Farbübergängen, alternierend von Gelb über Grün zu Blau und von Orange über Rot zu Violett.
www.ahrensgrabenhorst.de

Shay Alkalay

Shay Alkalay (*1976) bildet mit seiner Frau Yael Mer (*1976) seit 2007 das Londoner Designstudio Raw-Edges. Die beiden Israelis haben sich während ihres Studiums an der Bezalel Art and Design Academy in Jerusalem kennengelernt und ihr Studium später am Royal College of Art in London fortgesetzt. Sie experimentieren mit Materialien wie Filz und Tyvek, aber auch mit Möbeltypologien. Für das Londoner Designunternehmen Established & Sons entwarf Alkalay noch unter eigenem Namen das Schubladenmöbel Stack, das ohne Rahmenkonstruktion auskommt. Stattdessen werden die einzelnen Schubladen übereinandergestapelt und ergeben so ein skulpturales, mehrfarbiges Möbelobjekt.
www.raw-edges.com

Allford Hall Monaghan Morris Architects

Simon Allford (*1961), Jonathan Hall (*1960), Paul Monaghan (*1962) und Peter Morris (*1962) gründeten ihr Architekturbüro 1989 in London. Inzwischen hat es mehr als 100 Mitarbeiter. Zu ihren bekanntesten Projekten gehören der Umbau eines klassizistischen Gebäudes in London zur neuen Saatchi Gallery, die Renovierung des brutalistischen Barbican Arts Centre, ebenfalls in London, und das Unity Liverpool, zwei auffällige Türme am Hafen. Oft setzen sie Farbe ein, um große Flächen zu strukturieren oder die Orientierung zu erleichtern. Fein abgestufte Farbtöne deuten Farbverläufe an, etwa bei dem Apartmenthaus Adelaide Wharf, der Stadtakademie Westminster Academy (beide in London) oder dem Gebäudekomplex Barking Central in Essex.
www.ahmm.co.uk

Ron Arad

Der 1951 in Tel Aviv geborene und heute in London lebende Ron Arad bewegt sich mühelos zwischen den Disziplinen Design, Architektur und Kunst. Nach seinem Studium an der Bezalel Academy of Art and Design in Jerusalem und der Architectural Association School of Architecture (AA) in London gründete er 1981 mit Caroline Thormann das Designstudio One Off, das gleichzeitig auch Werkstatt und Showroom war. Sein erster, aus einem alten Autositz und Stahlrohr selbst gebauter Entwurf, der Rover Chair, ist längst ein Designklassiker. Heute entwirft Arad skulpturale, ausschweifende Möbel, die in limitierten Auflagen aus hochglanzpoliertem Aluminium oder Corian hergestellt werden, ebenso wie Varianten davon für die Serienproduktion. Zu seinen Kunden gehören Vitra, Kartell, Moroso, Driade, Alessi und Magis. 2008/09 fand eine spektakuläre Retrospektive im Centre Pompidou in Paris und im New Yorker MoMA statt.
www.ronarad.com

B

Maarten Baas

Der niederländische Designer Maarten Baas (*1976) studierte an der Design Academy Eindhoven, heute liegt sein Studio in 's Hertogenbosch. Auf der Mailänder Möbelmesse 2006 stellte er die handgefertigte Möbelserie Clay Furniture vor. Die heitere Kollektion ist aus Draht und Ton gefertigt und spielt mit ihren Farben und Formen, die an Kinderknete erinnern, auf die Anonymität heutiger Massenproduktion an.
www.maartenbaas.com

John Baldessari

John Baldessari (*1931) ist ein US-amerikanischer Konzeptkünstler. Er studierte von 1949 bis 1959 an fünf verschiedenen kalifornischen Universitäten und begann Ende der sechziger Jahre, in seinen Arbeiten Bildmaterial aus den Massenmedien und oft absurde Texte, etwa Zitate von Kunstkritikern oder Lehrsätze aus Kunstbüchern, zu kombinieren. Es ist ein Spiel mit den Zeichen und ihren Bedeutungen, das auch auf die strukturalistischen und poststrukturalistischen Theorien zurückgeht, mit denen Baldessari sich damals beschäftigte. Später übermalte er Gesichter auf Fotografien mit leuchtend monochromen Farben und verwehrte dem Betrachter so den Blick auf das Wesentliche. Für diese Leerstellen legte er eigens einen Farbcode an, der die Mehrdeutigkeit seiner Bilder noch vervielfachte. Baldessari nahm an der Documenta 5 und 7 teil, er lebt in Santa Monica in Kalifornien. 2009 bekam er den Goldenen Löwen der Biennale Venedig für sein Lebenswerk.
www.baldessari.org

BarberOsgerby

Edward Barber (*1969) und Jay Osgerby (*1969) lernten sich während ihres Architekturstudiums am Royal College of Art in London kennen. 1996 gründeten sie dort ihr Büro, das seither für Auftraggeber wie Cappellini, Magis, Authentics, Venini und Established & Sons vorwiegend Möbel gestaltet. Ihren Entwürfen liegen scheinbar einfache Ideen zugrunde, die aber bis ins Detail ausgeklügelt sind. BarberOsgerby legen besonderen Wert auf Oberflächen und Farben, sie beschäftigen sich mit Farbharmonien, Transparenzen und Überlagerungen. Die Tische ihrer „Iris"-Serie gehen direkt auf die Schattierungen von Farbfächern zurück: Jeder Tisch ist aus mehreren Tonabstufungen einer Farbe zusammengesetzt, mit denen die einzelnen Aluminiumteile elektrolytisch eingefärbt wurden. So ergibt sich eine ungewöhnliche, irisierende Oberfläche.
www.barberosgerby.com

Baumschlager Eberle

Carlo Baumschlager (*1956) und Dietmar Eberle (*1952) haben ihr gemeinsames Architekturbüro 1985 in Lochau bei Bregenz gegründet. Sie entwerfen insbesondere Wohnanlagen und beschäftigen sich mit Lösungen zur Energieeinsparung. Inzwischen arbeiten an sieben Standorten mehr als 100 Mitarbeiter für

sie, auch in Peking und Hongkong. Ganz in der Nähe ihres Stammsitzes, im Bodenseehafen von Fußach, entstand 2008 das Nordwesthaus – ein aus dem Wasser aufragender Kubus, dessen Erscheinungsbild sich ständig verändert. Die tragenden Betonwände innen mit ihren biomorphen Durchbrüchen und die gläserne, mit einem kristallinen Muster überzogene Außenhülle ergeben einen interessanten Kontrast. Mit den 1 500 LEDs hinter der Glasfassade, die sich einzeln ansteuern lassen, kann man das Haus in den unterschiedlichsten Farben beleuchten.
www.baumschlager-eberle.com

Jurgen Bey
173, 217

Der in Rotterdam lebende Jurgen Bey (*1965) versteht sich eher als Forscher denn als Gestalter von Endprodukten, er macht Design über Design. Ausgebildet wurde er an der Design Academy Eindhoven, heute unterrichtet er am Royal College of Art in London. Einer seiner bekanntesten Entwürfe ist die Tree Trunk Bench (1999) für Droog Design, er hat aber auch schon historische und alltägliche Möbelstücke mit einer elastischen Haut oder grobem Strick überzogen und Möbel aus hölzernen Transportkisten gebaut. Seit 2002 führt er zusammen mit seiner Frau, der Architektin Rianna Makkink (*1964), das Studio Makkink & Bey. 2006 gründeten sie mit Hilfe eines Investors das Büromöbelunternehmen Prooff, das für „progressive office" steht.
www.jurgenbey.nl

BLESS
39, 193–194, 243

Die Österreicherin Désirée Heiss (*1971), die in Paris arbeitet, und die Deutsche Ines Kaag (*1970), deren Studio in Berlin ist, betreiben seit 1997 das Modelabel BLESS. Beide haben Modedesign studiert, Heiss bei Vivienne Westwood an der Universität für angewandte Kunst in Wien, Kaag an der Fachhochschule in Hannover. BLESS entwerfen Kleidungsstücke, Objekte und Möbel und vermengen dabei Elemente aus der Mode, Kunst, Architektur und aus dem Design. Sie verwenden ungewohnte Materialien in ungewohnten Kombinationen für ungewohnte Funktionen und verhelfen so zum Beispiel einem gewöhnlichen Computerkabel mit aufgefädelten vergoldeten Plastikperlen zu einem großen Auftritt.
www.bless-service.de

Mattia Bonetti
42, 101, 159

Mattia Bonetti wurde 1952 in Lugano geboren, wo er auch Industriedesign studierte, bevor es ihn 1973 nach Paris zog. Dort stattete er 1978 den Nightclub Le Palace aus und stellte mit Elisabeth Garouste 1981 eine erste Möbelkollektion vor. Gemeinsam entwickelten sie das Corporate Design von Christian Lacroix, gestalteten dessen Boutiquen und zum Beispiel auch Verpackungen für Shiseido und Nina Ricci. Seit 2002 arbeitet Bonetti alleine und entwirft vor allem skulpturale Möbel für Galerien wie die David Gill Galleries in London. Zu seinen neuesten Stücken zählt eine Kollektion von Beistellmöbeln und -tischen aus Fiberglas, die mit einem metallischen Effektlack überzogen ist. Je nach Blickwinkel und Lichteinfall schillern sie in unterschiedlichen Farben und changieren etwa von Metallic-Violett zu Metallic-Grün.
www.davidgillgalleries.com

Astrid Bornheim Architektur
224–225

Die Berliner Architektin Astrid Bornheim (*1968) studierte an der Technischen Universität Braunschweig sowie in Wien an der Technischen Universität und der Hochschule für angewandte Kunst. Mit ihrem 2003 gegründeten Büro hat sie sich auf Unternehmens- und Ausstellungsarchitektur spezialisiert, unter anderem gestaltete sie die Weißenhofgalerie in Stuttgart und das Deutsche Architekturzentrum Berlin. Für die 1964 von Ernst Neufert entworfene Hauptverwaltung der Firma Eternit in Heidelberg entwickelte Bornheim eine neue, der Marke entsprechende Fassade. Unterschiedlich geneigte Lisenen (Verblendungen und Gliederungselemente) in den Corporate-Farben Grün und Rot akzentuieren die ansonsten von großformatigen Faserzementplatten dominierte Hülle.
www.astridbornheim.de

Ayzit Bostan
134

Die Münchner Modedesignerin Ayzit Bostan wurde 1968 in der Türkei geboren und kam als Vierjährige mit ihrer Familie nach Deutschland. Nach einer Schneiderlehre studierte sie an der Meisterschule für Mode in München und stellte 1995 ihre erste Kollektion vor. Bostan entwirft minimalistische Stücke aus einfarbigen Stoffen, fügt aber immer einige raffinierte Details hinzu, die man oft erst auf den zweiten Blick bemerkt. Seit 2008 arbeitet die selbstständige Modedesignerin auch für den Lederwarenhersteller Bree. Für die Firma entsteht eine Taschenkollektion, die stetig erweitert wird.
www.ayzitbostan.de

Ronan und Erwan Bouroullec
67, 84, 300–303

Die Brüder Ronan (*1971) und Erwan (*1976) Bouroullec, aufgewachsen in der Bretagne, arbeiten seit 1997 in Paris zusammen. Damals wurden sie von Giulio Cappellini auf dem Pariser Möbelsalon entdeckt. Beide haben Design studiert, Ronan an der Ecole Nationale Supérieure des Arts Décoratifs (ENSAD) in Paris, Erwan im Pariser Vorort Cergy. Heute gehören Unternehmen wie Cappellini, Ligne Roset, Vitra, Magis und Kvadrat zu ihren Auftraggebern. Die beiden Brüder gestalten Möbel und Raumobjekte, deren Strukturen aus der Natur abgeleitet sind – ebenso wie die Farben, die häufig Grün- und Brauntöne enthalten.
www.bouroullec.com

Fernando Brízio
244

Design bedeutet für Fernando Brízio (*1968) die Darstellung eines Prozesses. Vor Jahren fuhr der Portugiese mit einem Jeep so lange Schlangenlinien, bis sich die vorgebrannten Keramikgefäße im Kofferraum der Schwerkraft beugten und sich verzogen. Für eine jüngere Serie brachte er einen Ring Filzstifte über einer weißen Keramikvase an und ließ die Farben langsam auslaufen. Mit der Zeit bildeten sich einzelne Farbflecken, die irgendwann zusammenliefen und sich mischten. Das Projekt „Painting with Giotto" wurde von der Pariser Galerie Kreo aufgelegt, weitere Auftraggeber von Brízio sind Droog Design, Fabrica und Cor Unum. Er lebt in Lissabon und ist Professor an der Kunst- und Designhochschule ESAD im nahen Caldas da Rainha.
www.fernandobrizio.com

C

Fernando und Humberto Campana
123, 276–279

Die derzeit erfolgreichsten Designer Südamerikas haben über Umwege zu ihrer Profession gefunden. Humberto Campana (*1953) studierte Jura in Rio Claro und versuchte sich danach als Künstler, sein Bruder Fernando (*1961) absolvierte ein Architekturstudium in São Paulo, wo die beiden 1983 ein Designstudio gründeten. International bekannt wurden die Campana-Brüder allerdings erst Ende der neunziger Jahre, als der italienische Hersteller edra ihre experimentellen Möbelentwürfe auflegte. Oft verwenden sie gefundene Materialien wie Plüschtiere, Seile oder Lederfetzen dafür.
www.campanas.com.br

Maarten De Ceulaer
139

Der in Brüssel lebende Maarten De Ceulaer (*1983) hat dort an der St. Lukas Hogeschool Interior Design studiert und bis 2008 auch noch Produktdesign an der Design Academy Eindhoven. Sein Abschlussprojekt „A Pile of Suitcases" wurde von der Mailänder Galerie Nilufar in einer limitierten Edition aufgelegt und wird inzwischen in veränderter Form auch von dem italienischen Hersteller Casamania produziert. Die Assemblage aus sechs Lederkoffern in verschiedenen Grüntönen ergibt einen flexiblen Schrank, den man jederzeit anders zusammensetzen kann. Die Koffer sind auf der Rückseite miteinander verbunden.
www.maartendeceulaer.com

Pierre Charpin
63, 97, 132, 138

Pierre Charpin (*1962) hat erst in den neunziger Jahren, einige Zeit nach seinem Kunststudium an der Ecole Nationale des Beaux-Arts in Bourges, damit begonnen, Möbel und Gebrauchsobjekte zu gestalten. Er ist Designer, arbeitet aber wie ein Künstler. Seine Zeichnungen, in denen er Linien, Strukturen, Umrisse und Farben ergründet, stehen als Werke gleichberechtigt neben ihren dreidimensionalen Ausformungen. Charpin entwirft einfache, äußerst präzise gezeichnete Objekte, die ihre Funktion offenlassen – sie sind abstrakt und konkret zugleich. Der in Ivry-sur-Seine bei Paris lebende Franzose arbeitet für Hersteller wie Ligne Roset, Sèvres, Zanotta und Alessi und wird von Designgalerien wie Kreo in Paris vertreten.
www.pierrecharpin.com

David Chipperfield Architects
166

David Chipperfield (*1953) ist ein britischer Architekt, der viele Projekte in Deutschland verwirklicht hat, darunter das Literaturmuseum in Marbach und den Wiederaufbau des Neuen Museums in Berlin; außerdem baut er derzeit das Museum Folkwang in Essen um. Chipperfield studierte an der Kingston School of Art und der Architectural Association School of Architecture (AA) in London, arbeitete in den Büros von Richard Rogers und Norman Foster und gründete 1984 sein eigenes; Dependancen gibt es in Berlin, Mailand und Schanghai. In Barcelona entstand 2009 das von ihm entworfene Justizzentrum: neun monolithische Gebäude mit tragenden Betonfassaden, die in braunen, gelben und grauen Pastelltönen eingefärbt wurden.
www.davidchipperfield.co.uk

Nitzan Cohen
92, 205

Nitzan Cohen (*1973), der an der Avni Art Academy in Tel Aviv und der Design Academy Eindhoven studiert hat, war fünf Jahre lang Projekt- und Studioleiter im Büro von Konstantin Grcic in München, ehe er 2007 sein eigenes Büro gründete. Eines der ersten realisierten Projekte des gebürtigen Israelis ist das Regalsystem nan15 für nanoo, das aus Boden- und Rückenelementen zusammengesteckt wird. Ursprünglich hatte Cohen auch einen Farbverlauf dafür vorgesehen, produziert wird es derzeit aber nur in Weiß, Grau und Schwarz.
www.nitzan-cohen.com

Committee
19, 234, 248

Clare Page (*1975) und Harry Richardson (*1975), die sich während ihres Kunststudiums an der Liverpool Art School kennenlernten, arbeiten seit 2001 unter dem Namen Committee zusammen. Die Londoner entwerfen Objekte mit und ohne Funktionen, die sie oft aus gefundenen Alltagsobjekten zusammensetzen. Die „Kebab Lamps", für die sie Plastiktiere, Wecker, Porzellanvasen und anderen Nippes kombinieren, sind semantisch und farblich sorgfältig aufeinander abgestimmt. Für den spanischen Porzellanhersteller Lladro überzogen sie klassische Figuren mit winzigen pastellfarbenen Blüten. 2009 entstand die Serie „Lost Twin Ornaments": Hier verbanden Committee jeweils zwei Alltagsobjekte zu einem merkwürdigen Hybrid. Die komplexen Formen, die die beiden miteinander verquicken, ließen sie sich von einem CAD-Programm ausrechnen.
www.gallop.co.uk

Tony Cragg
34, 72, 110, 137

Der britische Bildhauer Tony Cragg (*1949), der seit 1977 in Wuppertal lebt, ist seit 1988 Professor an der Kunstakademie Düsseldorf, seit 2009 auch deren Rektor. Er hat zweimal an der Documenta und fünfmal an der Biennale in Venedig teilgenommen und bekam 1988 den Turner Prize. In den siebziger Jahren arbeitete er mit Fundobjekten, Kunststoffspielzeug und Verpackungen, die er teilweise einfärbte und auf dem Boden ordnete und auslegte. Noch heute experimentiert er mit ungewöhnlichen Werkstoffen wie Kevlar, bevorzugt aber inzwischen die klassischen Bildhauermaterialien wie Bronze und Holz, die er zu äußerst lebendigen Skulpturen schneidet und schichtet. Sie erinnern an Gefäße, Säulen und Spiralen, deren verdrehte, verzerrte und rotierende Formen Cragg teilweise am Computer generiert. Oft überzieht er sie mit Mustern und hochglänzenden Lacken in grellen Farben, die die Oberfläche homogenisieren und das eigentliche Material verdecken.
www.tony-cragg.com

D

Thomas Demand
25, 179, 261

Der Berliner Künstler Thomas Demand (*1964) hat an den Kunstakademien in München und Düsseldorf und am Goldsmiths College in London studiert. Seine seltsam suggestiven Fotografien werden seit Ende der neunziger Jahre weltweit ausgestellt. Demand baut medial vermittelte Schauplätze in seinem Studio aus Pappe, Fotokarton sowie Ton- und Seidenpapieren nach und fotografiert sie ab, anschließend zerstört er die Modelle wieder. Einerseits sind diese Räume und Orte detailgenau rekonstruiert, andererseits irritiert ihre Künstlichkeit – alle narrativen Elemente hat Demand getilgt, die matten Papieroberflächen zeigen keine Lichtreflexe. Auf diese leeren Oberflächen projiziert der Betrachter seine eigenen Bilder und Erinnerungen.
www.thomasdemand.net

Saskia Diez
38, 91, 209

Die Münchner Designerin Saskia Diez (*1976) hat nach einer Goldschmiedelehre an der FH München Industriedesign studiert. Erst 2006 fand sie wieder zum Schmuck zurück, als die Armreife ihrer ersten Kollektion Diamonds auf unerwartet großes Interesse stießen. Ihre Entwürfe erscheinen einfach und sind doch raffiniert. Oft greift Diez bekannte Formen der Schmuckgestaltung auf und verändert dann das Material, die Oberfläche, die Zusammenstellung. Die einzelnen Elemente ihrer Diamonds-Kollektion bestehen zum Beispiel aus Bronze und Glas, sind aber im Diamant-, Smaragd- und Saphirschliff gegossen und mit Silber oder Gold überzogen. Die knallig bunten Holzkugeln ihrer Kollektion „Wood" wiederum werden so oft lackiert, bis sie eine perlmuttartige Oberfläche bekommen. Saskia Diez arbeitet auch mit ihrem Mann, dem Industriedesigner Stefan Diez, zusammen, gemeinsam entstand etwa die Taschenkollektion „Papier" aus dem synthetischen Papier Tyvek.
www.saskia-diez.de

Stefan Diez
60, 218, 263

Der Münchner Industriedesigner Stefan Diez (*1971) hat nach einer Schreinerlehre an der Stuttgarter Kunstakademie studiert. Zwei Jahre lang war er Assistent von Konstantin Grcic, bevor er 2003 sein eigenes Studio eröffnete. Er entwirft Möbel, Haushaltsgegenstände und Taschen für Auftraggeber wie Rosenthal, Elmar Flötotto, Authentics, Schönbuch, e15 sowie Thonet und gestaltet Ausstellungen.
www.stefan-diez.com

Tom Dixon
100, 169

Der Londoner Tom Dixon (*1959) ist als Designer Autodidakt. Ein paar Monate lang besuchte er die Chelsea School of Art, später brachte er sich das Schweißen bei, so entstanden seine ersten Möbel aus Altmetall. Schon Ende der achtziger Jahre entwarf er Stühle für Cappellini und andere namhafte Hersteller. Von 2001 bis 2008 war Dixon Creative Director von Habitat. 2002 gründete er zusammen mit David Begg das Tom Dixon Design Studio, das vor allem Möbel und Leuchten entwickelt und selbst produziert. Dixon war einer der Ersten, der in den letzten Jahren traditionelle Materialien und Oberflächenveredelungen aus der Industrie und dem Handwerk aufgriff, die im Möbeldesign bis dahin unüblich waren, wie etwa Kupfer, Messing, Emaille, eloxiertes Aluminium und aufgedampfte, spiegelnde Metallschichten.
www.tomdixon.net

dRMM (de Rijke Marsh Morgan Architects)
53

Alex de Rijke (*1960), Philip Marsh (*1966) und Sadie Morgan (*1969) haben das Büro dRMM 1995 in London gegründet. Sie nahmen 2008 an der Architekturbiennale in Venedig teil und sind an der Gestaltung des olympischen Dorfes beteiligt, das bis 2012 in London entstehen wird. dRMM versuchen, ungewöhnliche Gebäude aus gewöhnlichen Materialien zu bauen, etwa mit innovativen Holzkonstruktionen. Sie setzen gerne auffällige Farbverläufe ein, um größere Flächen oder mehrere Baukörper visuell miteinander zu verbinden – wie bei einer Wohnanlage an der Londoner Wansey Street, deren holzstrukturierte Fassadenpaneele aus Faserzement in Kanariengelb bis Zinnoberrot gehalten sind.
www.drmm.co.uk

E

William Eggleston
17, 43, 75, 142, 172

Der US-Amerikaner William Eggleston (*1939) gilt als der Mann, der die Farbe in die künstlerische Fotografie gebracht hat. Vor ihm war Farbfotografie allein der Werbung und dem Journalismus vorbehalten gewesen. Seit Mitte der sechziger Jahre experimentierte Eggleston mit Farbfotos, seine Einzelausstellung im MoMA sorgte 1976 schließlich für großes Aufsehen. Er entwickelte eine Bildsprache, auf die sich heute zahlreiche Fotografen und Filmemacher wie Wolfgang Tillmans und David Lynch beziehen: keine Schnappschuss-Ästhetik, wie immer wieder geschrieben wird, sondern eine Suche nach der vollkommenen Komposition aus Farbe und Form. Die Bildmotive – oft Nebensächliches und Banales – spielen dabei nicht die wesentliche Rolle. Viel eher die Farben, die er durch Nachbearbeitung manipuliert und verstärkt.
www.egglestontrust.com

Olafur Eliasson
37, 186, 219, 268

Der dänische Künstler Olafur Eliasson (*1967) hat an der Königlich Dänischen Kunstakademie in Kopenhagen studiert. Er kam 1994 nach Berlin, wo er heute als Professor das Institut für Raumexperimente an der Universität der Künste leitet. Eliasson rekonstruiert optische und physikalische Naturphänomene, oft mit einfachen Mitteln wie Spiegeln, Licht und Wasser. Eine wesentliche Rolle spielen dabei Farben. Eliasson beschäftigt sich damit, wie Farben erzeugt und wahrgenommen werden können. Unter anderem hat er Flüsse mit einem giftgrünen, aber ungiftigen Farbstoff eingefärbt, gelben Nebel aufsteigen lassen und mit pulsierenden Lichtwänden ganze Museen in alle Farben des Farbspektrums getaucht.
www.olafureliasson.net

Andreas Exner
83, 102, 140, 196

Der Frankfurter Andreas Exner (*1962) studierte nach einer Druckerlehre an den Fachhochschulen von Münster und Köln Design und Malerei, dann an der Frankfurter Städelschule, wo er Meisterschüler von Jörg Immendorff war. In seinen Arbeiten setzt sich Exner mit Monochromie in vielfältiger Weise auseinander. Hierfür wählt er sowohl das Mittel der Malerei als auch der Installation. Für seine Wandobjekte verwendet er Kleidungsstücke in monochromen Farben, in

deren Öffnungen er einen Stoff in einer sorgfältig abgestimmten zweiten Farbe einnäht. Sie verweisen auf das Werk von Blinky Palermo, der ebenfalls Stoffe zu Farbfeldern zusammennähte. Während Palermo die Stoffbahnen jedoch um orthogonale Keilrahmen spannte, hängt Exner die alltäglichen Kleidungsstücke frei an die Wand.
www.andreasexner.net

F

ff-Architekten
40
Katharina Feldhusen (*1964) und Ralf Fleckenstein (*1964), die an der TU Darmstadt studiert haben, arbeiten seit 1996 als ff-Architekten in Berlin zusammen. Sie beschäftigen sich mit den unterschiedlichsten Bauaufgaben, etwa mit schwimmenden Häusern, die in Hamburg entstehen sollen. Unter ihren realisierten Entwürfen sticht die Stadtbibliothek Luckenwalde heraus, der Umbau eines ehemaligen Bahnhofs, den sie mit einem Annex erweitert haben. Der entlang zweier Achsen gekippte Baukörper hat eine golden schimmernde schuppenartige Oberfläche, an der sich nicht nur Licht und Wetter, sondern auch Passanten spiegeln. Der Goldton entsteht durch eine spezielle Kupfer-Aluminium-Legierung.
www.ff-architekten.de

Berta Fischer
21, 141
Minimalistisch und gleichzeitig filigran und komplex wirken die Skulpturen von Berta Fischer (*1973). Die Berliner Künstlerin, die an der Hochschule für Gestaltung in Karlsruhe studiert hat, verwendet künstliche, transparente Materialien mit ebenso künstlichen Farben: Sie schneidet und biegt ihre Skulpturen aus erhitzten Acrylglasplatten oder formt sie aus industriellen Folien. Dabei entstehen Spiralen, Knäuel und abstrakte Figuren, an deren Schnittkanten sich das Licht bricht.
www.nourbakhsch.de, www.martinasbaek.com

Dan Flavin
125
Seit er am 25. Mai 1963 eine Leuchtstoffröhre diagonal an der Wand seines New Yorker Ateliers anbrachte, hat sich Dan Flavin (1933–1996) in seiner künstlerischen Arbeit auf dieses eine Objekt beschränkt. Seine oft ortsspezifischen Lichtinstallationen zählen heute zu den bedeutendsten Werken der Minimal Art. Die Lichtquelle, also der Leuchtkörper, ist dabei immer sichtbarer Teil der Installation, ebenso wie der Raum und die Besucher, die von dem sich ausbreitenden Farblicht erfasst werden. Obwohl Flavin nur Leuchtstoffröhren mit Standardfarben verwendete, gelangen ihm raffinierte Wahrnehmungstäuschungen – wenn er etwa kaltes und warmes Licht gegeneinandersetzte oder Nachbilder mit einbezog.

Sylvie Fleury
45, 105, 122, 158
Die Schweizerin Sylvie Fleury wurde 1961 in Genf geboren, wo sie noch heute lebt. Sie hat zwar ab 1981 die Germain School of Photography in New York besucht, arbeitet aber erst seit 1990 als Künstlerin. Damals wurde sie Assistentin des Künstlers John Armleder. Mit ihren Inszenierungen von Glamour, Mode und Luxus erregte Fleury sofort Aufsehen. Es ist ein Spiel mit den Fetischen der Warenwelt und ihrer Ästhetik. Sie zeigt vergoldete Einkaufswagen und Autoreifen, überdimensionale Handtaschen und Stilettos sowie die dazu gehörenden glänzenden, glitzernden, grellen Oberflächen und das bunte Neonlicht des Werbeslogans.
www.sylviefleury.com

FORM Kouichi Kimura Architects
177, 201
Kouichi Kimura (*1960) hat das Architekturbüro FORM 1994 im japanischen Kusatu-City gegründet. Er studierte am Kyoto Art College und spezialisierte sich später auf Wohnhäuser. Zu seinen jüngsten Projekten gehören das House of Vision (2008) und das House of Inclusion (2009) im japanischen Shiga. Beide schirmt eine minimalistische, kaum durchbrochene und monochrom gehaltene Fassadenwand von der Umgebung ab – in homogenem Braun bzw. Grau.
www.form-kimura.com

Katharina Fritsch
29, 74, 157, 187
Katharina Fritsch (*1956) hat an der Kunstakademie in Düsseldorf studiert, wo sie noch heute lebt und arbeitet. 1995 stellte sie im deutschen Pavillon der Biennale in Venedig aus. Ihre Objekte und Installationen gehören zu den bekanntesten Kunstwerken der Gegenwart. Es sind lebens- und überlebensgroße, ikonenhafte Darstellungen von Tieren und symbolträchtigen Gegenständen, die man im ersten Moment begreift und die einen doch rätselnd zurücklassen. Einerseits sind sie detailgetreu nachgebildet, andererseits transformiert ihre monochrome Farbigkeit sie ins Irreale.
www.matthewmarks.com

Front
94, 185, 204
Die schwedischen Designerinnen Sofia Lagerkvist (*1976), Charlotte von der Lancken (*1978), Anna Lindgren (*1977) und Katja Sävström (*1976) haben gemeinsam an der Konstfack School of Arts, Crafts and Design in Stockholm studiert, seit 2003 arbeiten sie dort unter dem Namen Front als Gruppe zusammen. Von Anfang an erregte ihr konzeptionelles Design Aufsehen, denn mit jedem neuen Projekt stellen sie ihre Rolle als Designer und die Konventionen des Designs in Frage. Sie integrieren kontextfremde Bestandteile in ihren Designprozess, wie etwa Zaubertricks oder lebende Tiere, die bei der Umsetzung ihrer Ideen helfen. Oder sie zeigen Objekte, die sich bewegen bzw. die Augen täuschen: so wie eine Kommode, deren pixelartige, mit der Mechanik von Werbetafeln ausgestattete Vorderseite sich ständig verändert. Zu den Auftraggebern von Front Design gehören unter anderem Moooi, Moroso, Established & Sons, Skitsch und Porro.
www.frontdesign.se

Keisuke Fujiwara
130, 231
Obwohl Keisuke Fujiwara (*1968) schon seit einigen Jahren auf der Mailänder Möbelmesse ausstellt, hat er doch erst vor Kurzem das Interesse von westlichen Möbelunternehmen geweckt. Der japanische Designer, der seit 2001 ein eigenes Studio in Tokio hat, experimentiert insbesondere mit Farben und Oberflächenstrukturen und greift dabei auf aufwendige Herstellungsverfahren zurück. Seine Möbelserie aus Titan wird in einem elektrolytischen Bad eloxiert und erhält so eine metallisch schimmernde Oberfläche, die sanft von Türkis zu Blau und Violett verläuft. Um den berühmten Kaffeehausstuhl Thonet Nr. 14 mit insgesamt sechs Kilometer dünnem Faden zu umwickeln, benötigt Fujiwara zwei Monate. Nun erstrahlt der sogenannte Spool chair entweder in zarten Blau- oder Gelbtönen.
www.keisukefujiwara.com

Massimiliano und Doriana Fuksas
56 – 57, 155
Massimiliano Fuksas (*1944) ist ein italienischer Architekt litauischer Herkunft. Er hat ebenso wie seine jetzige Frau Doriana, mit der er seit 1985 zusammenarbeitet, an der Universität La Sapienza in Rom studiert. 1967, zwei Jahre vor seinem Studienabschluss, gründete er sein erstes Studio. Heute leitet er Büros in Rom, Paris, Wien, Frankfurt und Shenzhen. Üblicherweise verwendet Fuksas bereits für die ersten Handskizzen Buntstifte in kräftigen Farben. Seine realisierten Entwürfe tragen jedoch eher selten solche Töne. Eine Ausnahme ist die 2008 fertiggestellte Konzerthalle in Straßburg, deren Außenhaut aus einer orangefarbenen transluzenten Textilmembran besteht. Tagsüber wirkt sie opak, nachts wird sie von innen beleuchtet und gibt ihre Tragekonstruktion zu erkennen.
www.fuksas.it

G

Rupprecht Geiger
28, 86, 120, 284 – 287
Rupprecht Geiger wurde 1908 in München geboren, wo er heute noch lebt. Er studierte trotz seines Interesses an Kunst von 1926 bis 1935 Architektur in seiner Heimatstadt. Von 1965 bis 1976 lehrte er als Professor an der Düsseldorfer Kunstakademie und nahm insgesamt viermal an der Kasseler Documenta teil. Insbesondere die Farbe Rot gilt Geiger als Inbegriff des Lichts, der Energie und der Lebenskraft. Sie ist häufig Thema seiner Arbeiten.
www.storms-galerie.de

von Gerkan, Marg und Partner (gmp)
113
Das Hamburger Architekturbüro gmp Architekten von Volkwin Marg (*1936) und Meinhard von Gerkan (*1935) ist mit über 400 Mitarbeitern das größte in Deutschland. Beide haben an der Technischen Universität Braunschweig studiert und 1965, im Jahr der Bürogründung, den ersten großen Wettbewerb gewonnen, bei dem es um den Flughafen Berlin Tegel ging. Zu den wichtigsten Projekten von gmp gehören die Neue Messe Leipzig und der Berliner Hauptbahnhof. In Kapstadt, Durban und Port Elizabeth bauen sie drei Stadien für die Fußballweltmeisterschaft 2010, ein weiterer Schwerpunkt ist China. Dort gewannen sie 2003 den Wettbewerb um den Bau von Lingang New City, einer Satellitenstadt für 800 000 Menschen in der Nähe von Schanghai. Eines der ersten fertiggestellten Gebäude ist der High Tech Park, dessen Fassade sie mit umlaufenden Fenster- und Farbbändern in Weiß und Dunkelblau auf einfache, aber doch effektive Weise gliederten.
www.gmp-architekten.de

Liam Gillick
78, 222, 240, 247, 256
Die Installationen und Texte von Liam Gillick (*1964) sind Modelle, die ganz unterschiedlich gedeutet

werden. Der britische Künstler, der am Hertfordshire College of Art und am Londoner Goldsmiths College studiert hat, untersucht die Strukturen, die unsere soziale, politische und ökonomische Realität prägen, und entwirft Szenarien einer postindustriellen Gesellschaft. Repräsentationen dieser Gedankenmodelle sind zum Beispiel minimalistische Regalkonstruktionen und Raumteiler aus farbigem Acrylglas, MDF-Platten und Aluminiumschienen, die er als Plattformen für potenzielle Interaktion und Kommunikation versteht. Gillick verwendet dafür ausschließlich Farbtöne aus der begrenzten Palette des industriellen RAL-Systems.
www.caseycaplangallery.com, www.estherschipper.com

Konstantin Grcic
195, 211, 288 – 291
Konstantin Grcic wurde 1965 in München geboren, wo er seit 1991 sein eigenes Designstudio betreibt. Seine Lehr- und Studienjahre verbrachte er in Großbritannien. Er studierte am Royal College of Art in London und arbeitete ein Jahr als Assistent von Jasper Morrison. Zu seinen bekanntesten Entwürfen zählen die beiden Stühle Chair_One (2004) und Myto (2008) und die Leuchte Mayday (1999). Bei seiner Farbauswahl beschränkt sich Grcic oft auf Töne, die das in der Industrie stark verbreitete RAL-System bereithält und schafft so ein Farbspektrum jenseits modischer Farbtrends.
www.konstantin-grcic.com

Joachim Grommek
35, 46, 96, 167, 233
Die Bilder von Joachim Grommek (*1957) sind Augentäuschungen. Der Berliner Künstler, der an der Hochschule für Bildende Künste Braunschweig studiert hat, malt Streifenbilder, die aussehen, als hätte er farbige und transparente Klebstreifen über- und nebeneinandergeklebt, und monochrome Bildflächen, an deren Rändern scheinbar noch die unbehandelte Spanplattenoberfläche des Bildträgers hervorschaut. Beides ist aber nur gemalte Illusion, ein Verwirrspiel in Öl, Acryl und mit glänzenden Lackschichten. Wer genau hinschaut, kann Anspielungen auf die Kunstgeschichte, etwa auf Malewitsch, Mondrian, Knoebel und Palermo erkennen.
www.vousetesici.nl

Katharina Grosse
48, 215, 230
Katharina Grosse (*1961) hat an den Kunstakademien Münster und Düsseldorf bei Norbert Tadeusz und Gotthard Graubner studiert und lebt heute in Berlin, wo sie inzwischen selbst Professorin ist, an der Kunsthochschule Berlin-Weißensee. Grosse wurde mit ihren ortsspezifischen, temporären Farbinstallationen bekannt, die sie seit Ende der neunziger Jahre macht. Sie malt nicht mit dem Pinsel, sondern sprüht die Farbe mit einem Kompressor und einer Spritzpistole auf, was den Arbeitsprozess erheblich beschleunigt, denn es gibt keine Oberflächenreibung. Das lässt sich an den fließenden Bewegungen ihrer Arbeiten gut ablesen. Dabei entstehen atmosphärische, ausufernde Farbschleier, die Raumkanten und -grenzen auflösen und beinahe halluzinative Farbräume ergeben. Grosse beschränkt sich nicht auf Monochromien, sondern lässt verwandte und gegensätzliche Farben aufeinanderprallen.
www.katharinagrosse.com

H

Zaha Hadid
70, 162
Die aus dem Irak stammende Architektin Zaha Hadid (*1950) ist die erste Frau, die den begehrten Pritzker-Preis gewonnen hat. Hadid studierte zunächst Mathematik an der American University in Beirut, danach Architektur an der Architectural Association School of Architecture (AA) in London. Dort arbeitete sie im Office for Metropolitan Architecture von Rem Koolhaas und gründete 1980 ihr Büro. Es dauerte allerdings bis 1993, ehe der erste ihrer spektakulären Bauten realisiert wurde: das Feuerwehrhaus auf dem Gelände der Firma Vitra in Weil am Rhein. Waren Hadids Entwürfe anfangs noch geometrisch zerklüftet, ging sie später zu komplexen fließenden Formen über, die auch ihr Möbeldesign bestimmen. Unter anderem gestaltet sie für Established & Sons limitierte Editionen mit hochglänzenden Oberflächen.
www.zaha-hadid.com

Peter Haimerl
192
Der Münchner Architekt Peter Haimerl (*1961), der nach einem Studium an der Fachhochschule München 1991 sein Büro gegründet hat, setzt nicht bloß Aufträge für Architektur- und Interior-Projekte um, sondern hat sich auch in den vergangenen Jahren mit groß angelegten selbst initiierten Forschungsprojekten beschäftigt. Entstanden sind dabei das Konzept für das mobile und modulare Atelier Cocobello und das Zukunftsszenario Zoomtown, eine Stadt ohne Autos, in der sich die Menschen stehend auf schmalen Ein-Mann-Elektrorollern fortbewegen. Ein bereits realisierter Entwurf ist das Schwarze Haus im Münchner Vorort Krailling: Haimerl überzog das Siedlungshäuschen aus den dreißiger Jahren vollständig mit Bitumenschindeln – bis auf die Stirnseiten, die verputzt und schneeweiß gestrichen wurden.
www.urbnet.de

Jaime Hayón
85, 112, 152, 190, 214
Schon als Teenager hat Jaime Hayón (*1974) Geld damit verdient, Dinge zu gestalten. In Kalifornien, wo der Spanier eine Zeit lang als Profi-Skateboarder lebte, entwarf er Grafiken für Skateboards und T-Shirts im Graffiti-Stil. Später studierte er Industriedesign am Istituto Europeo di Design (IED) in Madrid und an der Ecole Nationale Supérieure des Arts Décoratifs (ENSAD) in Paris und arbeitete acht Jahre lang in der Fabrica, dem von Benetton initiierten Think Tank für Design, bevor er 2004 das eigene Studio gründete. Heute ist Hayón der bekannteste spanische Designer und leitet Studios in London, Barcelona und Treviso. Er entwirft skulpturale Objekte und theatralische Inszenierungen in grellen Farben und mit hochglänzenden und glitzernden Oberflächen für Kunden wie Bisazza, Baccarat, Camper, Lladro und Artquitect. Seinen Stil bezeichnet er als „mediterranen Digital-Barock".
www.hayonstudio.com

Herzog & de Meuron
103
Das Büro der Basler Architekten Jacques Herzog (*1950) und Pierre de Meuron (*1950) gilt als eines der einflussreichsten der Gegenwart. Beide haben 1975 ihr Diplom an der Eidgenössischen Technischen Hoch-

schule (ETH) Zürich gemacht, wo sie inzwischen selbst Professoren sind. Sie arbeiten bereits seit 1978 zusammen und erhielten 2001 den renommierten Pritzker-Preis. Unter anderem sind Herzog & de Meuron dafür bekannt, dass sie Fassaden als Projektionsflächen für Muster, Materialstrukturen und auch Bilder und Texte nutzen. Teilweise verwenden sie dafür ungewohnte Materialien wie Kupfer, Bronze oder – wie bei der Multifunktionshalle Forum in Barcelona – eingefärbten Beton. Das dunkelblaue Material wurde dort flockig aufgespritzt und ergibt eine korallenartige Oberfläche.

Carsten Höller
27, 58, 95, 150, 235
Der deutsche Künstler Carsten Höller (*1961) hat Agrarwissenschaften studiert und sich 1993 in Phytopathologie, der Lehre der Pflanzenkrankheiten, habilitiert. Auch seine Kunst erinnert teilweise an experimentelle Laborsituationen, mit den Ausstellungsbesuchern als freiwilligen Versuchspersonen. Höller irritiert und animiert sie mit raumgreifenden Installationen und optischen Täuschungen zur Interaktion. Fliegenpilze, Vögel, Jahrmarkt-Sensationen und gigantische Rutschen sind seine bekanntesten Ausstellungsgegenstände. Immer geht es dabei um die Frage, wie der Mensch aus der Sinneswahrnehmung sein Ich konstruiert.
www.airdeparis.com, www.gagosian.com

J

Olav Christopher Jenssen
237, 265
Der norwegische Maler Olav Christopher Jenssen (*1954) studierte an der Kunstakademie in Oslo und kam nach einem Aufenthalt in New York 1982 nach Berlin, wo er auch heute noch überwiegend lebt. Er stellte 1992 auf der Documenta 9 aus und ist seit 2007 Professor an der Hochschule für Bildende Künste Braunschweig. Jenssen malt keine Zeichen und Figuren, auch keine geometrischen Konstruktionen. Es ist eine reine, abstrakte, ruhige Malerei, mal mit eher organischen, mal mit mehr kristallinen Formen. Teilweise arbeitet er mit Schablonentechnik, um die einzelnen Farbflächen besser gegeneinander absetzen zu können, oft sind sie weiß, pastellfarben, und es entstehen zarte Farbabstufungen.
www.galleriris.com

Hella Jongerius
98, 144, 163, 165, 203
Die Niederländerin Hella Jongerius (*1963) war entscheidend daran beteiligt, dass sich die Grenzen des Designs zum Handwerk und zur Kunst verschoben haben. Sie verschränkt historische und zeitgenössische Formen, Motive und Techniken und gestaltet sowohl limitierte Editionen wie Serienobjekte, vor allem Vasen, Geschirr, Möbel und Textilien. Kurz nach ihrem Studienabschluss 1993 an der Design Academy Eindhoven wurde Jongerius mit ihren Entwürfen für Droog Design bekannt, 2000 gründete sie in Rotterdam das Studio Jongeriuslab. Seit Kurzem arbeitet sie von Berlin aus für Kunden wie Vitra, Ikea, Belux, Porzellan Manufaktur Nymphenburg und Royal Tichelaar Makkum, vertreten wird sie von der Galerie Kreo in Paris. Für Vitra entwickelte sie zuletzt auch ein neues Farbkonzept für deren Möbelklassiker, in dem Pastelltöne überwiegen – wie bei vielen ihrer eigenen Entwürfe.
www.jongeriuslab.com

Donald Judd
154

Donald Judd (1928–1994) gilt als einer der wichtigsten Künstler der Minimal Art. Nach einem Philosophie- und Kunstgeschichtsstudium an der New Yorker Columbia University machte er erst als Kunstkritiker auf sich aufmerksam, bevor er in den sechziger Jahren zum ersten Mal einfache Raumvolumen aus Sperrholz ausstellte. Er konzentrierte sich ganz auf die Aspekte Material, Farbe und Raum und entwarf offene und geschlossene Kuben und Quader, die er auf dem Boden oder an der Wand gruppierte. Seine Holzobjekte lackierte er anfangs oft in Kadmiumrot; um Aluminium- und Stahlbleche einzufärben, ließ er sie galvanisieren, eloxieren und emaillieren. Die seit den achtziger Jahren entstandenen „Boxes" tragen unterschiedliche, intensive Farben, ebenso wie seine Möbelentwürfe.
www.juddfoundation.org

K

Anish Kapoor
33, 52, 77, 156

Der 1954 in Mumbai geborene Bildhauer Anish Kapoor kam 1972 nach London, wo er am Hornsey College of Art und dem Chelsea College of Art and Design studierte und noch heute lebt. 1991 erhielt er den Turner Prize. Stets interessierte Kapoor das Verhältnis von Material, Raum, Farbe und Betrachter. Bekannt wurde er mit Bodenobjekten, die er flächendeckend mit Pigmentpulver in intensiven Farben überzog. Später entwarf er trichter- und membranartige Wandobjekte, die eine endlose Leere andeuten, und spektakuläre monumentale Installationen – etwa im Münchner Haus der Kunst, wo eine 20 Tonnen schwere, rot eingefärbte Masse aus Wachs und Vaseline auf Schienen durch die Ausstellung glitt. Kapoor bevorzugt die Farbe Rot, die ihm als Farbe des Körpers und der Materie gilt.
www.anishkapoor.com

Ellsworth Kelly
24, 59, 227

Der US-Amerikaner Ellsworth Kelly (*1923) gilt als einer der bedeutendsten Farbfeldmaler der Kunstgeschichte. Als sich in den USA die erste große, von Europa unabhängige Kunstbewegung entwickelte, ging er den umgekehrten Weg und studierte ab 1948 in Paris, an der Ecole des Beaux-Arts. Erst 1954 kehrte er in die USA zurück, heute lebt und arbeitet er in Spencertown, nördlich von New York. Sein erstes monochromes Bild malte Kelly 1952. Später ging er dazu über, seine Bilder aus mehreren monochromen Segment- und Streifenformen zusammenzusetzen.
www.matthewmarks.com

Yves Klein
93, 115

Der französische Künstler Yves Klein (1928–1962) erklärte 1957 eine Farbe zum Kunstwerk, das sogenannte International Klein Blue (IKB). Er hatte dieses spezielle Ultramarinblau mit Hilfe von Chemikern entwickelt und ließ es anschließend patentieren: Die Pigmente wurden in einem neuen Kunstharz aufgelöst und behielten so die leuchtende Intensität, die sie als Pigmentpulver haben. Auf seinen monochromen Bildern hat die Farbe eine soghafte, fast immaterielle Wirkung. Klein, der nie ein Kunststudium absolvierte, hatte 1949 damit begonnen, monochrome Bilder zu malen, unter anderem auch in Rosa und Gold.
www.yveskleinarchives.org,
www.international-klein-blue.com

Imi Knoebel
55, 228, 273

Der Düsseldorfer Maler und Installationskünstler Imi Knoebel (*1940) hat an der Werkkunstschule Darmstadt und in der Beuys-Klasse an der Kunstakademie in Düsseldorf studiert. Er nahm an der Documenta 5, 6, 7 und 8 teil. Mit jeder neuen Arbeit geht er der Frage nach, was das gegenstandslose Bild ist, wie es sich konstituiert und welche Reaktionen es beim Betrachter auslösen kann. Knoebel bezieht sich immer wieder auf Vorläufer wie Malewitsch, Mondrian und Newman, die er jedoch auch ironisch kommentiert. Seine Bilder bestehen oft aus zusammengesetzten oder polygonalen Tafeln, für seine Installationen stapelt er sie oder lehnt sie an die Wand. Erst Mitte der siebziger Jahre begann er, mit Farbe zu arbeiten. Für einige Werkgruppen verwendet er seither ausschließlich Primärfarben oder die orange leuchtende Rostschutzfarbe Mennige.

L

Lederer + Ragnarsdóttir + Oei
108

Das Stuttgarter Büro von Arno Lederer (*1947), Jórunn Ragnarsdóttir (*1957) und Marc Oei (*1962) wehrt sich gegen das vorherrschende Gebot der Transparenz und die Glashüllen der zeitgenössischen Architektur. Die drei Architekten, die alle in Stuttgart studiert haben, setzen dagegen geschlossene, körperhafte Bauten mit gemauerten Fassaden und akzentuierenden Oberflächen: Ziegelmauerwerk, gewelltes Aluminium, Schiefer und Kacheln. Die Gustav-von-Schmoller-Berufsschule in Heilbronn haben sie vollständig mit tief leuchtenden, dunkelblauen Fliesen überzogen, ebenso wie den Erweiterungsbau des Pforzheimer Amtsgerichts.
www.lederer-ragnarsdottir-oei.de

Amanda Levete
16

20 Jahre lang leitete die britische Architektin und Designerin Amanda Levete (*1955) gemeinsam mit ihrem Mann Jan Kaplicky (1937–2009) das Büro Future Systems in London, das zu den Wegbereitern der sogenannten Blob-Architektur gehört. Seit 2009 führt sie ihr eigenes Studio Amanda Levete Architects. Unter anderem entwirft Levete Objekte für das Designunternehmen Established & Sons, die in limitierter Auflage produziert werden. 2008 entstand zum Beispiel eine Serie von Möbeln für Zimmerecken, deren Formen ebenso fließend-organisch sind wie die ihrer Architektur. Das Eckregal North besteht aus Fiberglas und hat eine fluoreszierende, grell grüngelbe Oberfläche.
www.amandalevetearchitects.com

Arik Levy
118, 147, 180

Arik Levy (*1963) ist nicht nur Industriedesigner, er arbeitet auch als Bühnenbildner, Filmemacher und Künstler, und sein Pariser Büro L Design entwickelt unter anderem grafische Erscheinungsbilder und Ausstellungsgestaltungen. Der gebürtige Israeli kam 1988 in die Schweiz, um dort am europäischen Ableger des Art Center College of Design in Vevey Industriedesign zu studieren. 1997 gründete er gemeinsam mit Pippo Lionni L Design und arbeitet für Kunden wie Baccarat, Swarovski, e15, Ligne Roset, Vitra oder Desalto. Seine seit 2005 entstandenen Rocks sind kristalline Möbelskulpturen, deren Facetten das Licht unterschiedlich brechen und so eine bewegte Oberfläche erzeugen. L Design lässt sie in spiegelpoliertem Edelstahl, in Wenge, aber auch mit Textilbezügen in limitierten Auflagen produzieren.
www.ldesign.fr

M

Maison Martin Margiela
66, 76, 89, 189, 198, 212, 252

Das Pariser Maison Martin Margiela (MMM) gilt als eines der einflussreichsten Modelabels der vergangenen zwei Jahrzehnte. Gegründet wurde es 1988 von dem Belgier Martin Margiela (*1957), der zuvor an der Kunstakademie in Antwerpen Modedesign studiert hatte und Assistent von Jean-Paul Gaultier gewesen war; seit 2002 gehört es zur Diesel-Gruppe. MMM zog von Anfang an die Aufmerksamkeit auf sich, weil es die Gesetze der Modebranche nicht nur kommentierte, sondern sie auch brach. Margiela stellte das bisher in der Mode übliche Geschichtsverständnis auf den Kopf, indem er bestehenden Kleidungsstücken ein zweites Leben schenkte, sie auseinanderschnitt und neu zusammensetzte oder historische Entwürfe reproduzierte. Zu seiner Strategie des Anonymen gehört, dass MMM-Mitarbeiter weiße Kittel tragen und Teile der Kollektionen mit matter weißer Farbe übertüncht werden.
www.martinmargiela.com

Mansilla+Tuñón
264

Das Architektenduo Luis M. Mansilla (*1959) und Emilio Tuñón Alvarez (*1958) hat an der Escuela Técnica Superior de Arquitectura de Madrid (ETSAM) studiert und auch in Madrid 1992 das gemeinsame Büro eröffnet. Unter anderem haben sie schon in Harvard, Princeton und an der Frankfurter Städelschule unterrichtet. 2007 gewannen sie für ihren Entwurf des MUSAC-Museum für zeitgenössische Kunst von Kastilien-León in der Stadt León den renommierten Mies-van-der-Rohe-Preis: Die Gebäude sind auf einer Seite mit Fassaden aus farbigen Glaselementen in warmen, fein abgestuften Tönen verkleidet. Um die Farben zu bestimmen, untersuchten Mansilla + Tuñón am Computer 3 351 verschiedene Farbtöne der Glasmosaiken, die sie in den Fenstern der Kathedrale von León fanden. Einige davon wählten sie aus und übertrugen sie auf die Fassade.
www.mansilla-tunon.com

Eva Marguerre
80

Eva Marguerre (*1983) ist eine deutsche Produktdesignerin, die seit 2004 an der Hochschule für Gestaltung Karlsruhe studiert. Sie hat bei Luigi Colani und Stefan Diez gearbeitet und auf der Design-Biennale in Kortrijk und dem DMY Design Festival in Berlin ausgestellt. In einem Seminar von Stefan Diez entstand 2007 der Hocker Nido aus Glasfasersträngen, die miteinander verbunden und in knallrot eingefärbtes Polyesterharz getränkt werden. Inzwischen produziert die Glasfasermanufaktur Masson vier Varianten dieses extrem leichten und unerwartet stabilen Sitzmöbels.
www.eva-marguerre.de

Mass Studies, Minsuk Cho
160–161

Der südkoreanische Architekt Minsuk Cho (*1966) hat das Büro Mass Studies 2003 in Seoul gegründet. Zuvor hatte er dort an der Yonsei University und dann an der New Yorker Columbia University studiert. Er arbeitete unter anderem für das Office for Metropolitan Architecture von Rem Koolhaas und gründete 1998 mit James Slade in New York sein erstes Büro. Seit er nach Südkorea zurückging, hat Cho insbesondere in Seoul einige Großprojekte betreut, unter anderem die neue Stadthalle. Derzeit arbeitet er an dem südkoreanischen Pavillon für die World Expo 2010 in Schanghai. Einer seiner auffälligsten Entwürfe ist ein Gebäude in Seoul, in dem ein Geschäft der belgischen Modedesignerin Ann Demeulemeester untergebracht ist: Eine Fassadenseite ist vollständig mit einem wintergrünen japanischen Buchsbaumgewächs bewachsen.
www.massstudies.com

JÜRGEN MAYER H.
15

Jürgen Mayer H. (*1965) hat an der Universität Stuttgart, dem Cooper Union College in New York und der Princeton University Architektur studiert. Er leitet seit 1996 ein Architekturbüro in Berlin, entwirft aber nicht nur Gebäude, sondern auch Kunstinstallationen, Interieurs und Möbel. Sein bekanntestes Projekt ist das Metropol Parasol, die pilzförmige Überbauung eines zentralen Platzes in Sevilla. Die Markthalle, die Überdachung und Großskulptur in einem sein soll wird 2010 fertiggestellt. Jürgen Mayer H. beschäftigt sich unter anderem mit den Mustern verschlüsselter Daten und Zahlenkolonnen und mit dem Thema Farbe. Er setzt reflektierende Straßenmarkierungsfarbe, Nachleuchtfarben und thermochromatische Farben ein. Für die Mensa der Hochschule Karlsruhe verwendete er als Fassadenfarbe ein künstlich wirkendes Gelbgrün, das keinerlei Hinweise auf das Material gibt. Dahinter verbirgt sich eine mit Polyurethan beschichtete Holzkonstruktion.
www.jmayerh.de

Willy Müller Architects (WMA)
269

Der aus Argentinien stammende Architekt Willy Müller (*1961) kam 1985 nach Spanien, um an der Escola Tècnica Superior d'Arquitectura de Barcelona (ETSAB) seinen Abschluss zu machen. 1996 gründete er sein Büro, das schnell internationale Projekte akquirieren konnte, beispielsweise in Russland, Brasilien und Mexiko. Eines der auffälligsten hat er allerdings für seine neue Heimatstadt Barcelona entworfen: den neuen Blumengroßmarkt Mercabarna-Flor, dessen mehrfach gefaltetes Zinkdach von einem bunten Band abgeschlossen wird. Die vertikalen, in den unterschiedlichsten Farben gehaltenen Streifen sind schon von Weitem sichtbar und setzen sich als Gliederungselement im Inneren fort.
www.willy-muller.com

Kostas Murkudis
232

Der Berliner Modedesigner Kostas Murkudis wurde 1959 in Dresden geboren, seine Eltern stammen aus Griechenland. Schon als Jugendlicher kam er nach Westberlin, wo er später Chemie studierte, anschließend Modedesign im Lette-Verein. Kurz arbeitete er bei Wolfgang Joop und war dann sieben Jahre lang Assistent von Helmut Lang, bevor er 1994 sein eigenes Label gründete. Jedes Jahr bringt Murkudis zwei neue Kollektionen für Damen und Herren heraus, seine 96dresses aus Seide allerdings sind als dauerhafte Kollektion gedacht. In den kühleren Jahreszeiten kann man auch mehrere Farbvarianten des leichten Sommerkleids übereinandertragen und dabei aus einem Spektrum von 96 unterschiedlichen Tönen auswählen. 2009 übertrug Murkudis das Konzept auch auf ein kurzärmliges Herrenhemd.
www.kostasmurkudis.net

MVRDV
47, 126–127

Ein Jahr nach ihrem gemeinsamen Studienabschluss an der Technischen Universität in Delft 1990 gründeten Winy Maas (*1959), Jacob van Rijs (*1964) und Nathalie de Vries (*1965) in Rotterdam MVRDV. Das Architekturbüro, das beispielsweise den niederländischen Pavillon auf der Expo 2000 in Hannover entwarf, betreut heute Projekte in der ganzen Welt. Bekannt sind die Niederländer für ihre konzeptionelle und experimentelle Architektur, auch hinsichtlich der farblichen Gestaltung. Manche ihrer Bauten wirken wie in Farbe getaucht. Das knallorange Studio Thonik in Amsterdam etwa, das bei den Anwohnern energische Proteste auslöste. Der Streit um die Farbe kam sogar vor Gericht, und am Ende übernahm die Stadtverwaltung die Hälfte der Kosten, um es grün zu überstreichen. Ähnlich schrill ist der Dachaufbau des Didden Village in Rotterdam ausgefallen. Die von einer Mauer eingefassten Häuschen auf dem Wohnhaus wurden mit einer himmelblauen Polyurethanschicht überzogen.
www.mvrdv.nl

N

Hiroshi Nakamura & NAP Architects
210

Der Japaner Hiroshi Nakamura (*1974) leitet das Büro NAP Architects in Tokio, das er 2003 gegründet hat. Er studierte an der japanischen Meiji University und arbeitete zunächst bei Kengo Kuma, bevor er sich selbstständig machte. Inzwischen betreut Nakamura auch Bauprojekte im Ausland, in Kuwait und Peking, und entwickelt Interior Design, etwa das des Nike-Designstudios in Tokio. Besonders auffällig sind seine Lichtinszenierungen: Das von ihm entworfene House SH liegt in einem so dicht bebauten Wohnviertel Tokios, dass die Beleuchtung nur durch ein Oberlicht möglich war. Nakamura beulte den Baukörper auf einer Seite aus und schuf so einen Hohlraum, durch den jetzt das je nach Witterung wechselnde Tageslicht fällt. Ein anderes Beispiel ist das Badezimmer des Necklace House in Yamagata, dessen Außenwände mit unzähligen runden Öffnungen versehen sind. Hier übersät das Licht den gesamten Raum mit kleinen Punkten.
www.nakam.info

Sirous Namazi
184, 239

Der schwedische Künstler Sirous Namazi wurde 1970 in Iran geboren. Er studierte an der Kunsthochschule in Malmö und lebt heute in Stockholm, 2007 repräsentierte er Schweden im Nordischen Pavillon der Biennale von Venedig. Namazi arbeitet mit den unterschiedlichsten Medien. Seine modularen Skulpturen aus bunt emaillierten Gitterstrukturen etwa kann man durchaus als eine Neuinterpretation der Minimal Art von Sol LeWitt verstehen. Eine andere Werkgruppe besteht aus Fotografien, die Namazi nachts in einer unbeleuchteten Stockholmer Wohnung aufgenommen hat. Auf den ersten Blick erscheinen sie monochrom schwarz, doch je länger man sie betrachtet, desto besser heben sich die einzelnen Möbel und Gegenstände im Raum ab.
www.sirousnamazi.com

Nendo
208, 250

Nendo ist das Designstudio von Oki Sato (*1977), der in Toronto aufwuchs und an der Waseda-Universität in Tokio Architektur studierte. 2002 gründete er dort sein erstes Büro, das inzwischen eines der international bekanntesten und erfolgreichsten in Japan ist. Nendo entwirft Produkt- und Möbeldesign, Verpackungen, Architektur und Innenarchitektur, seit 2005 auch in einer Dependance in Mailand. Zu seinen Kunden gehört Swedese, Moroso, Cappellini, Boffi, Quodes, Puma und Toyota. Für eine Ausstellung im Tokioter Designmuseum 21_21 Design Sight gestaltete es 2008 den Cabbage Chair aus Plissee-Papier. Das harzbeschichtete, gefaltete Material ist ein Abfallprodukt, das bei der Herstellung von Plissee-Stoffen entsteht. Oki Sato rollte es zu einem Zylinder, schnitt ihn bis zur Hälfte ein und schlug das Papier dann Lage für Lage um. So verwandelte sich eine Rolle Abfall ohne weitere Hilfsmittel in eine elastische und dennoch stabile Sitzgelegenheit.
www.nendo.jp

Jean Nouvel
114, 238

Jean Nouvel (*1945) studierte an der Ecoles des Beaux-Arts von Bordeaux und Paris und gründete bereits 1970, zwei Jahre vor seinem Abschluss, zusammen mit François Seigneur sein erstes Büro. Heute ist er einer der international bekanntesten französischen Architekten, seine 1994 gegründeten Ateliers Jean Nouvel haben mehr als 100 Mitarbeiter. Nouvel inszeniert seine Bauten oft mit farbigen Fassaden und farbigem Licht. Beste Beispiele dafür sind das Konzerthaus in Kopenhagen mit seiner netzartigen blauen Fiberglasfassade und der bunt schillernde Torre Agbar in Barcelona. Das 142 Meter hohe Hochhaus ist mit Aluminiumplatten verkleidet, die in 40 verschiedenen Farbtönen lackiert wurden. Glaslamellen in unterschiedlichen Winkeln erzeugen zusätzliche Lichtreflexe. Nachts wird der Turm mit LEDs beleuchtet.
www.jeannouvel.fr

O

OFIS Arhitekti
262

Rok Oman (*1970) und Špela Videčnik (*1971) haben das slowenische Architekturbüro OFIS 1998 gegründet, nachdem beide zuvor in Ljubljana und dann an der Architectural Association School of Architecture (AA) in London studiert hatten. Seither haben sie sich insbesondere auf Wohnbauten spezialisiert, von denen sie in Slowenien einige sehr ungewöhnliche realisieren konnten. Darunter ist auch ein Komplex mit Sozialwohnungen in Izola an der Adriaküste. Die wabenartigen Loggien können mit halb transparenten Markisen in unterschiedlichen, leuchtenden Farben verschattet werden, was den Wohnungen dahinter unterschiedliche

Raumstimmungen und der Fassade ein wechselvolles
Erscheinungsbild verleiht.
www.ofis-a.si

Valerio Olgiati
174–175, 206

Mit zahlreichen ungewöhnlichen Bauprojekten in seiner Heimat, dem Schweizer Kanton Graubünden,
hat sich der Architekt Valerio Olgiati (*1958) schnell
internationale Anerkennung verschafft. Er studierte
an der Eidgenössischen Technischen Hochschule
(ETH) in Zürich, arbeitete einige Zeit in Los Angeles
und eröffnete 1996 wiederum in Zürich sein eigenes
Büro, mit dem er 2008 nach Flims in Graubünden zog.
Seit 2002 ist er Professor an der Università della Svizzera italiana in Mendrisio, 2009 übernahm er den
Kenzo Tange Chair der Harvard University. Eines seiner Projekte in Graubünden ist das Ateliergebäude
für den Musiker Linard Bardill, dessen rotbraun eingefärbte Betonfassade unzählige gegossene Rosettenornamente zieren.
www.olgiati.net

P

Verner Panton
87, 245

Die Möbel und Rauminszenierungen von Verner Panton (1926–1998) haben das utopisch-psychedelische
Design der sechziger und siebziger Jahre entscheidend
geprägt. Der dänische Designer, der an der Königlich
Dänischen Kunstakademie in Kopenhagen Architektur
studierte und in dieser Zeit Assistent von Arne Jacobsen war, gründete 1955 sein eigenes Studio, mit dem
er 1963 nach Basel zog. Bereits 1959/60 entstand sein
bekanntester Entwurf, der Panton Chair, ein skulpturaler Freischwinger, der erstmalig aus einem Stück
Kunststoff gefertigt wurde. Panton gestaltete darüber
hinaus höhlenartige Wohnlandschaften wie etwa
Visiona 2, die sich durch den exzessiven Einsatz von
Farben auszeichnen.
www.verner-panton.com

Charlotte Posenenske
32, 62, 119, 257

Charlotte Posenenske (1930–1985), in den sechziger
Jahren eine der bedeutendsten deutschen Künstlerinnen, wurde erst in jüngster Zeit wiederentdeckt – unter anderem auf der Documenta 12. Sie hat ab 1950
bei Willi Baumeister an der Stuttgarter Kunstakademie
studiert und danach als Bühnenbildnerin gearbeitet.
Posenenskes künstlerische Arbeiten stehen der Minimal
Art nahe, haben jedoch eine radikal demokratische
Dimension. Sie ließ sie fabrikmäßig in unlimitierten Serien produzieren und verkaufte sie zum Selbstkostenpreis. Dazu passt, dass sie nur billige industrielle Materialien verwendete und ihre Farbpalette reduzierte:
Erst waren es die vorgefundenen Farben von Filzstiften
und Klebstreifen, bei ihren Wandobjekten die RAL-
Farben Rot, Gelb, Blau und Schwarz, später nur noch
die Materialfarben von Wellpappe, Pressspan und
Stahlblech. 1968 gab Posenenske ihre künstlerische Arbeit auf und studierte Soziologie, weil sie den Eindruck hatte, „dass Kunst nichts zur Lösung drängender
gesellschaftlicher Probleme beitragen kann".
www.mehdi-chouakri.com

R

Michael Reiter
226, 271

Farbige Textilbänder sind das bevorzugte Material,
aus dem der in Frankfurt lebende Michael Reiter
(*1952) ortsspezifische Installationen und Wandobjekte
formt. Der Künstler, der an der Akademie der Bildenden Künste in Nürnberg studierte, näht handelsübliche
Polyesterbänder zu geometrischen Figuren zusammen
oder spannt sie in meterlangen Bahnen durch Ausstellungsräume. Dabei strahlen die lichten, manchmal
auch fluoreszierend scheinenden Farben an die wei
ßen Wände ab. Sichtbare Spuren des Arbeitsprozesses
sind herabhängende Fäden, die die strengen geradlinigen Strukturen auflockern.
www.reiter-michael.de

Anselm Reyle
88, 151, 199, 270, 304–307

Anders als die meisten seiner Künstlerkollegen versucht der Berliner Anselm Reyle (*1970) gar nicht erst,
Kategorien wie Effekthascherei, Dekoration und
Kitsch aus dem Weg zu gehen. Der an der Kunstakademie Karlsruhe ausgebildete Maler und Bildhauer
setzt sie vielmehr gezielt ein: Er verwendet billige
Glanzfolie, schillernde Effektlacke und fluoreszierende
Farben. Mit seinen Streifen- und Materialbildern
greift er immer wieder auf Vorbilder aus der Moderne,
etwa Otto Freundlich oder Ellsworth Kelly, zurück.
www.gagosian.com, www.alminerechgallery.com,
www.themoderninstitute.com, www.andersen-s.de

Gerhard Richter
200, 229, 249, 296–299

Seit den frühen sechziger Jahren ergründet Gerhard
Richter (*1932) die Möglichkeiten der Malerei. Bekannt wurde er dadurch, dass er Schwarz-Weiß-Fotos
abmalte, nur wenig später entstanden aber auch schon
serielle Farbfelder, anfangs ausgehend von gebräuchlichen Lackmusterkarten; weiterhin gestische Abstraktionen und monochrom graue Leinwände, die Richter
als Ausdruck der Indifferenz und Aussageverweigerung
versteht. Richter ist 1961 aus der DDR nach Westdeutschland geflohen und hatte bis 1964 an der Kunstakademie Düsseldorf bei Karl Otto Götz studiert. Sechsmal nahm der heute in Köln lebende Maler an der
Documenta teil, 1997 bekam er den Goldenen Löwen
der Biennale Venedig.
www.gerhard-richter.com

Rojkind Arquitectos
36, 68–69, 73

Die Projekte des mexikanischen Architekten Michel
Rojkind (*1969) werden international aufmerksam
verfolgt. Und das, obwohl Rojkind, der seit 2002 ein eigenes Büro in Mexiko-Stadt hat, seine außergewöhnlichen, zum Teil experimentellen Entwürfe bisher vor
allem in seinem Heimatland realisieren konnte. In
Tecamachalco setzte er auf das Dach eines Sechziger-
Jahre-Hauses ein neues, mit gewölbten Stahlplatten
verkleidetes Haus, das er in einem knallroten Autolack
erstrahlen ließ. Für Nestlé baute er ein Schokoladenmuseum mit einer ebenfalls knallroten, 300 Meter langen Fassade und ein Forschungszentrum, dessen gewölbte Einschnitte Einblicke in das in intensives Gelb
und Orange getauchte Innere geben.
www.rojkindarquitectos.com

S

Sauerbruch Hutton
254–255, 260, 280–283

Wie nur wenige andere Architekturbüros sind Sauerbruch Hutton durch die besonderen Farbkonzepte
ihrer Bauten bekannt geworden, die prominentesten
Beispiele sind die GSW-Hauptverwaltung in Berlin
(1999) und das Museum Brandhorst in München
(2009). Der Deutsche Matthias Sauerbruch (*1955)
und die Britin Louisa Hutton (*1957) haben ihr Büro
1989 in London gegründet, wo beide zuvor an der
Architectural Association School of Architecture (AA)
studiert hatten; 1993 zogen sie nach Berlin um.
www.sauerbruchhutton.com

Scholten & Baijings
109, 236

Stefan Scholten (*1972), der an der Design Academy
Eindhoven studiert hat, und die Autodidaktin Carole
Baijings (*1973) haben ihr gemeinsames Designstudio
2000 in Amsterdam gegründet. In ihren Produkt- und
Möbelentwürfen greifen sie oft auf traditionelle Handwerkstechniken zurück, die sie auf ihre zeitgemäßen
Entwürfe übertragen – wie etwa bei ihren Colour
Plaids, großen Wolldecken in leuchtenden Farben, die
von der niederländischen Weberei De Ploeg gewebt
werden. Die zarten Farbabstufungen bilden Verläufe,
die immer wieder von Streifen in kräftigen Farben
unterbrochen werden.
www.scholtenbaijings.com

Schulz & Schulz Architekten
153

Die Brüder Ansgar (*1966) und Benedikt (*1968)
Schulz arbeiten seit 1992 in ihrem Leipziger Architekturbüro zusammen. Beide haben an der RWTH Aachen
studiert, Benedikt zudem an der UC de Asunción in
Paraguay, Ansgar an der Escuela Técnica Superior de
Arquitectura (ETSA) in Madrid. Ein Schwerpunkt
ihres Büros sind öffentliche Bauten. In Chemnitz bauten sie etwa ein Polizeirevier um, das sie mit silbern
schimmernden Aluminiumplatten verkleideten. In die
Fassade schnitten sie einen neuen Haupteingang, der
ebenso wie der Wartebereich innen vollständig in Polizeigrün gehalten ist. Das Gebäude betritt man nun
über eine sattgrüne Freitreppe.
www.schulz-und-schulz.com

Tilo Schulz
171, 181

Tilo Schulz, 1972 in Leipzig geboren, beschäftigt sich
in seiner künstlerischen Arbeit mit den Klischees und
politischen Implikationen der abstrakten und formalistischen Moderne. Er ist Autodidakt, begann aber
bereits Anfang der neunziger Jahre mit ungegenständlicher Malerei. Seit 2005 entsteht die Serie der „Intarsien": kleinformatige Bilder, die er aus gemasertem
Furnierholz und dünnen, hellen Holzstreifen zusammensetzt. Die strengen Kompositionen kann man
ebenso als ironisch-affirmative Antwort auf die abstrakte Malerei lesen wie als Auseinandersetzung mit den
Oberflächen des Repräsentativen.
www.tiloschulz.com

grellen Farben und Holzmaserung, die für Möbel eingesetzt wurden.
www.richardwoodsstudio.com

Y

yes architecture
30 – 31
Die beiden Architektinnen Ruth Berktold (*1967) und Marion Wicher (*1966) lernten sich im Master-Studiengang für Advanced Architectural Design an der Columbia University in New York kennen. 2002 gründeten sie das gemeinsame Büro yes architecture mit Niederlassungen in München, Graz und New York. Sie arbeiten oft interdisziplinär und gestalten auch Innenausbauten, Messestände und Design. Ihr bisher auffälligster Entwurf ist das Verteilerzentrum der Post im österreichischen Trofaiach, dessen Metallfassade das Postgelb trägt.
www.yes-architecture.com

Tokujin Yoshioka
213
Nach seinem Studium an der Kuwasawa Design School (KDS) in Tokio hat Tokujin Yoshioka (*1967) in den Studios des Möbeldesigners Shiro Kuramata und des Modemachers Issey Miyake gearbeitet, ehe er 2000 sein eigenes gründete. Seitdem erregen seine Präsentationen, etwa auf der Mailänder Möbelmesse, immer wieder Aufsehen. Unternehmen wie Moroso, Driade und Swarovski stellen seine Entwürfe her. Yoshiokas Interesse gilt aber nicht in erster Linie dem Endprodukt, vielmehr entwirft er Design- und Produktionsprozesse, die mit denen der Natur zu vergleichen sind: Er lässt Kristallstrukturen zu Möbeln wachsen oder bäckt einen Stuhl aus Polyesterfasern wie ein Brot im Ofen. Die Farben, die er dabei verwendet, resultieren aus dem Material selbst, wie etwa das Weiß des Papiers und die transparenten, stark reflektierenden Oberflächen von Fiberglas.
www.tokujin.com

Z

Peter Zimmermann
111, 251, 253
Der Kölner Maler Peter Zimmermann (*1956), der an der Kunstakademie in Stuttgart studiert hat, war von 2002 bis 2007 Professor an der Kunsthochschule für Medien Köln. Bekannt geworden ist er in den achtziger Jahren mit Gemälden, auf denen er Buchtitel von Reiseführern und Atlanten abmalte. Seit einiger Zeit übersetzt er gefundene Bilder aus Magazinen und dem Internet in Gemälde, die an den abstrakten Expressionismus der fünfziger Jahre erinnern. Er bearbeitet die Vorlagen so lange mit Photoshop, bis sie sich in unscharfe Schlieren, Farbflächen und Strukturen aufgelöst haben, und überträgt sie dann mit pigmentiertem Epoxidharz in mehreren Schichten auf die Leinwand. Die hochglänzende Oberfläche verstärkt dabei noch die Wirkung der leuchtenden Farben.
www.peterzimmermann.com

Beat Zoderer
223, 242, 259
Spielerisch und mit einigem Witz setzt sich der Schweizer Beat Zoderer (*1955) über die strengen Regeln und Gesetze der konkreten und konstruktiven Kunst hinweg. Der in Wettingen im Kanton Aargau lebende Künstler baut seine Bilder aus Büromaterialien und Restposten wie Klebebändern, Wabenkarton, Heftetiketten und Styroporkügelchen zusammen, schichtet sie übereinander, ordnet sie zu Rastern oder kopiert damit sogar Bilder von Max Bill und Picasso. Er braucht nicht mehr als drei farbige Klarsichthüllen, die er ineinanderschiebt, und schon ist ein intensiv leuchtendes Farbflächenbild entstanden.

Danke!

Unser ganz besonderer Dank geht an die beteiligten Designer, Künstler und Architekten. Danken möchten wir auch den Fotografen, die uns großzügig ihr Bildmaterial zur Verfügung gestellt haben, sowie allen Museen, Kunstvereinen und Galerien, die uns bei der Bildrecherche und -beschaffung behilflich waren.

Dankbar sind wir auch allen, die uns bei der Entstehung dieses Buches mit Ideen, Kritik und Geduld so hilfreich unterstützt haben: Helge Aszmoneit, Frankfurt am Main; Pascal Kress, Frankfurt am Main; Berit Liedtke, Basel; Ulrike Ruh, Basel; Katrin Tüffers, Frankfurt am Main; Markus Weisbeck, Frankfurt am Main; Peter Wesner, Frankfurt am Main

Interviews kosten Zeit. Darum möchten wir uns sehr herzlich bei unseren Interviewpartnern bedanken, die zum Thema Farbe Rede und Antwort standen: Ronan & Erwan Bouroullec, Paris; Fernando Campana, Studio Campana, São Paulo; Konstantin Grcic, München; Louisa Hutton, Sauerbruch Hutton, Berlin; Anselm Reyle, Berlin

Für die Bereitstellung von Bildmaterial und all die Informationen, die für eine Publikation notwendig sind, sowie für die engagierte Mithilfe bedanken wir uns bei: Agentur V, Berlin; Air de Paris, Paris; Andersen's Contemporary, Berlin; Dr. Burkhard Brunn, Frankfurt am Main; Galerie Daniel Buchholz, Köln; Cheim & Read, New York; Anthony Cragg Office, Wuppertal; Dogenhaus Galerie, Leipzig; e15, Oberursel; Studio Olafur Eliasson, Berlin; Established & Sons, London; Rupprecht Geiger Archiv, München; Liam Gillick, London; Hayon Studio, Barcelona; Friedhelm Hütte, Frankfurt am Main; Galerie Michael Janssen, Berlin; Luzia Kälin, Frankfurt am Main; Casey Kaplan, New York; Studio Anish Kapoor, London; Ellsworth Kelly Studio Archives, New York; Yves Klein Archives, Paris; Galerie Kreo, Paris; Sophie Lovell, Berlin; Matthew Marks Gallery, New York; Galerie Nordenhake Berlin/Stockholm, Berlin; Galerie Giti Nourbakhsch, Berlin; Frank Polley, Hamburg; Almine Rech Gallery, Brüssel/Paris; Atelier Anselm Reyle, Berlin; Atelier Gerhard Richter, Köln; Galleri Riis, Oslo; Galerie Thaddaeus Ropac Salzburg – Paris, Salzburg; Esther Schipper, Berlin; Galerie Horst Schuler, Düsseldorf; Sprüth Magers Berlin London, Berlin; Walter Storms Galerie, München; Studio Job, Antwerpen; Vitra, Weil am Rhein; VOUS ETES ICI, Amsterdam

Titelmotiv:
Liam Gillick, „Between Kalmar and Udevalla", 2008
Courtesy Liam Gillick und Casey Kaplan, New York

Über die Herausgeberinnen

Die Innenarchitektin *Barbara Glasner* arbeitet als Beraterin und freie Kuratorin für Design und Architektur in Frankfurt am Main. Im Rahmen ihrer Zusammenarbeit mit dem deutschen Rat für Formgebung betreute sie von 2001 bis 2007 für die Internationale Möbelmesse Köln die verschiedenen Editionen des Designprojekts „ideal house cologne", wo international renommierte Gestalter wie Zaha Hadid, Hella Jongerius, Konstantin Grcic, Ronan & Erwan Bouroullec, Naoto Fukasawa oder Dieter Rams ihre Visionen für das Wohnen der Zukunft vorstellten. 2008 veröffentlichte sie zusammen mit Petra Schmidt und Ursula Schöndeling das Buch *Patterns 2, Muster in Design, Kunst und Architektur*, das im Birkhäuser Verlag erschien.

Petra Schmidt ist freie Autorin und Beraterin in Frankfurt am Main. Sie lehrt Designtheorie an der Hochschule für Gestaltung in Karlsruhe und schreibt für Kunst- und Designmagazine wie *art* und *Frame*. Nach ihrem Studium der Theater-, Film- und Medienwissenschaft in Frankfurt arbeitete sie für diverse Design-Unternehmen und war von 1999 bis 2007 Chefredakteurin der Designzeitschrift *form*. Sie ist Mitherausgeberin der Bücher *Patterns* (2005) und *Patterns 2, Muster in Design, Kunst und Architektur* (2008), die beide im Birkhäuser Verlag erschienen sind. Zuletzt veröffentlichte sie gemeinsam mit Nicola Stattmann das Buch *Unfolded, Papier in Design, Kunst, Architektur und Industrie* (2009), ebenfalls bei Birkhäuser.

Über die Autoren

Jens Asthoff ist freier Autor und Kritiker und lebt in Hamburg. Er schreibt unter anderem für die Kunstmagazine *Artforum*, *Camera Austria*, *Kunstforum*, *Kultur & Gespenster*, außerdem veröffentlicht er Texte zur zeitgenössischen Kunst in Katalogen und Kunstpublikationen.

Markus Frenzl ist Designkritiker sowie Designconsultant mit den Schwerpunkten Beratung, Konzeption, Strategie und Corporate Publishing. Er publiziert in Fach- und Publikumsmagazinen wie *Design Report* und *Elle Decoration* zu Themen der Alltags- und Designkultur und war mehrfach Dozent für Designtheorie.

Dr. Oliver Herwig arbeitet als freier Journalist in München und schreibt unter anderem für die *Süddeutsche Zeitung*, die *Frankfurter Rundschau*, die Zeitschriften *Monopol* und *GQ*. Außerdem unterrichtet er Designtheorie an den Universitäten Karlsruhe und Linz sowie Kommunikation in Basel.

Silke Hohmann ist Kunstkritikerin und Redakteurin beim Kunstmagazin *Monopol* in Berlin. Sie studierte in Würzburg Visuelle Kommunikation und schreibt seit zwölf Jahren für die Fach- und Publikumspresse wie *form* oder *Frankfurter Rundschau* über Kunst, Design und Mode.

Markus Zehentbauer arbeitet als freier Journalist und Lektor in München. Unter anderem schreibt er für die *Süddeutsche Zeitung* und die Zeitschrift *form* über Kunst und Design. Er hat in München Kunstgeschichte studiert, arbeitete am Museum für Konkrete Kunst Ingolstadt und war Textchef der *form* in Basel.

Fotonachweis

Sabine Ahlbrand-Dornseif, Münster 285 (Abb. 2)
Sophie Aigner/arturimages 281 (Abb. 2)
Grégoire Alexandre 194
Daici Ano 210
M. Aukes 188, 216
Iwan Baan 71
Anders Sune Berg 21
janbitter.de 255, 260, 281 (Abb. 1, 3), 282 (Abb. 5, 6)
Paola Bobba 125
Thomas Brown 42, 101, 159
Cappellini 301 (Abb. 2)
Studio Claerbout 133
ClassiCon 211, 289 (Abb. 1, 5), 290 (Abb. 9)
Cécile Clos, Nantes 77
Pelle Crepin 19
croce & wir fotostudio 30, 31
Marc Domage 305 (Abb. 1), 306 (Abb. 7)
Charles Duprat 34, 110
Peter Eder 22
edra 123, 277–278 (alle Abb.)
Marc Eggimann 163, 301 (Abb. 4)
Carsten Eisfeld 150
Ivo Faber 55, 228, 273
Marina Faust 76, 198, 212, 252
David Franck, Ostfildern 15, 224, 225
Front 94, 185, 204
Mario Gastinger photographics, München 26, 202, 222
Giovanni Giannoni 66, 189
Fabrice Gousset 97, 98 132, 145, 203
Tomaz Gregoric 262
Studio Katharina Grosse 48
Steffen Groß 153
Roland Halbe Fotografie, Stuttgart 99, 108, 114, 238, 264
Rob 't Hart 127
Hayonstudio 85, 112, 152, 190, 214
Jochen Helle/arturimages 254, 282 (Abb. 4)
Florian Holzherr 192
Maarten van Houten 18, 116, 191
Eduard Hueber/archphoto 117
Nick Kane 47
Kartell 23
Gerhard Kassner, Berlin 239
Yong-Kwan Kim 160, 161
kleinefenn@ifrance.com 118, 147
Matthias Kolb 88, 151, 199, 270, 141, 305 (Abb. 2, 3), 306 (Abb. 4–6)
Harold Koopmans 215
Robert Kot, Brüssel 41, 170, 246

Ingmar Kurth 60, 218, 232, 263
Morgane Le Gall 302 (Abb. 7)
Jonas Lencer 53
Åke E:son Lindman 44, 90, 144
Ricardo Loureiro 269
Moreno Maggi 155
Duccio Malagamba 166
Attilio Maranzano 58
Andreas Meichsner, Berlin 40
Dave Morgan 33, 156
Museen der Stadt Landshut, Harry Zdera 286 (Abb. 5)
MVRDV 126
Myrzik & Jarisch 80
Jaime Navarro 68, 69
Monika Nikolic/arturimages 103
Mark O'Flaherty 136, 168
Takumi Ota 177, 201
Paul Ott 135
Alistair Overbruck 111, 251, 253
Alessandro Paderni 213, 290 (Abb. 7)
Andreas Pauly 28, 86, 120, 285 (Abb. 1)
Inga Powilleit 109, 236
Ed Reeve 267
Rheinisches Bildarchiv Köln 257
Christian Richters/arturimages 54, 293 (Abb. 1, 3), 294 (Abb. 4, 6, 7)
Paúl Rivera/archphoto.com 36, 73
Philippe Ruault 56, 57
Niels Schabrod 137
Johannes Schwartz 230
Florian Seidel, München 285 (Abb. 3), 286 (Abb. 6)
Jan Siefke, Schanghai 113
Timothy Soar 20
Oliver Spies 209
Städtische Galerie im Lenbachhaus, München, (Simone Gänsheimer) 286 (Abb. 4)
Paul Tahon 302 (Abb. 6)
Paul Tahon und Ronan & Erwan Bouroullec 67, 84, 301 (Abb. 1, 3), 302 (Abb. 5, 8)
Martin Url 226, 271
Hans-Jörg Walter 129, 165, 195, 217
Uwe Walter 171, 181
Ellen Page Wilson 72
Astrid Zuidema 139

Wir haben uns bemüht, sämtliche Rechteinhaber ausfindig zu machen. Sollte uns dies in Einzelfällen nicht gelungen sein, so bitten wir diese, sich beim Verlag zu melden.

Redaktion: Barbara Glasner, Berit Liedtke, Petra Schmidt, Markus Zehentbauer

Buchidee: Barbara Glasner

Interviews und Texte: Jens Asthoff, Markus Frenzl, Oliver Herwig, Silke Hohmann, Markus Zehentbauer

Layout, Covergestaltung und Satz: Surface Gesellschaft für Gestaltung mbH, Frankfurt; Pascal Kress, Katrin Tüffers, Markus Weisbeck

Bibliografische Information der Deutschen Nationalbibliothek
Die Deutsche Nationalbibliothek verzeichnet diese Publikation in der Deutschen Nationalbibliografie; detaillierte bibliografische Daten sind im Internet über http://dnb.d-nb.de abrufbar.

Dieses Buch ist auch in englischer Sprache erschienen (ISBN 978-3-0346-0092-7).

© 2010 Birkhäuser Verlag AG
Basel · Boston · Berlin
Postfach 133, CH-4010 Basel, Schweiz
Ein Unternehmen der Fachverlagsgruppe Springer Science+Business Media

Reproduktion: Lithotronic Media GmbH, Dreieich

Gedruckt auf säurefreiem Papier, hergestellt aus chlorfrei gebleichtem Zellstoff.
TCF ∞

Printed in Germany

ISBN 978-3-0346-0091-0

9 8 7 6 5 4 3 2 1
www.birkhauser.ch